U0542613

eye.

守望者

——

到灯塔去

私人情绪
与 时代症候

资本主义
现实主义

Capitalist Realism

Is There
No Alternative?

MARK FISHER

[英] 马克·费舍 著

王立秋 译

南京大学出版社

Capitalist Realism：Is There No Alternative?
Copyright © 2008 Mark Fisher
Originally published in the UK by John Hunt Publishing Ltd（No. 3 East
St.，Alresford，Hampshire SO24 9EE，UK）
Published in 2024 under licence from John Hunt Publishing Ltd.
Simplified Chinese Edition Copyright © 2024 by NJUP
All rights reserved

江苏省版权局著作权合同登记　图字：10-2022-350号

图书在版编目（CIP）数据

资本主义现实主义：私人情绪与时代症候／（英）
马克·费舍著；王立秋译. —南京：南京大学出版社，
2024.1（2024.4 重印）
　ISBN 978-7-305-26627-0

　Ⅰ.①资…　Ⅱ.①马…②王…　Ⅲ.①资本主义-文
化-研究　Ⅳ.①D033.3

　中国国家版本馆 CIP 数据核字(2023)第 197267 号

出版发行　南京大学出版社
社　　址　南京市汉口路 22 号　　　　邮　编 210093

ZIBEN ZHUYI XIANSHI ZHUYI：SIREN QINGXU YU SHIDAI ZHENGHOU
书　　名　**资本主义现实主义:私人情绪与时代症候**
著　　者　[英]马克·费舍
译　　者　王立秋
责任编辑　章昕颖

照　　排　南京紫藤制版印务中心
印　　刷　江苏凤凰通达印刷有限公司
开　　本　787 mm×1092 mm　1/32　印张 8.375　字数 160 千
版　　次　2024 年 1 月第 1 版　2024 年 4 月第 2 次印刷
ISBN 978-7-305-26627-0
定　　价　68.00 元

网　　址　http://www.njupco.com
官方微博　http://weibo.com/njupco
官方微信　njupress
销售咨询　025-83594756

＊ 版权所有，侵权必究
＊ 凡购买南大版图书,如有印装质量问题,请与所购
　图书销售部门联系调换

献给我的妻子佐伊，

我的父母鲍勃和琳达，以及我的网站的读者。

目录

前　言

佐伊·费舍　撰

我还清楚地记得马克完成《资本主义现实主义》终稿的那几个月。我们离开伦敦到萨福克郡生活，那是一个对他来说很特别的地方，满溢着他童年假日的快乐记忆。搬家带来的喘息空间使马克能够专心地、不受干扰地完成这本书。一到萨福克，他就告诉我他文思泉涌，并为即将完成这个项目而感到兴奋。一天，当我们去伍德布里奇散步的时候，他告诉我："这本书要是能卖出去 500 本我就真的很满意了。"

在那个时期，马克也忙着寻找讲课的工作和发展他的自由写作事业——他在《导线》（The Wire）短暂地干过一阵临时客座编辑的活，但他和他的读者主要还是在他的博客接线碰头。无可否认，那些年不容易，因为马克在为争取到长聘教职而努力，但对我们来说，那也是一段快乐而又乐观的时光。
马克很享受他在伦敦忙碌的日子和他在萨福克的时
光形成的鲜明对照。在萨福克，他要应付的要求没
那么多，这使他能够集中精力做其他像《关于消失
的土地》（*On Vanishing Land*）那样的项目。到为
《资本主义现实主义》举行新书发布会的时候——
几天后，我们发现我怀上了我们的儿子乔治，一切
仿佛步上了正轨。我记得，那天晚上，马克在给他
灵感和激励的人的陪伴下，十分快乐。

    我知道《资本主义现实主义》的成功确实让马
克感到惊讶，在接下来的几年里，用他自己的话来
说，马克在"实现自己的梦想"——在伦敦大学金
匠学院讲课——之余，还能有时间继续写作，应邀
到各地讲课，并进行各种演讲活动。甚至在 2010
年我们的儿子乔治出生后，马克都还能够继续满足
所有人的需要，这是真正的马克式做派。他从没想
过拒绝到某个地方演讲、为某个刊物撰稿的邀请，
因为这些事情对他来说从来不像是工作。观察马克
讲课或在某个活动上发言就能看到他的本色：他和
与他交流的听众一样，为此而感到兴奋和满足。同

样重要的是，他告诉我，他不需要再时刻警惕自己的抑郁症了。尽管我知道那些无价值感和怀疑感绝不会凭空消失，但我还是为它们不再显露而感到欣慰，我希望马克能够控制住它们。马克经常被具体的人感动，这些人觉得能和马克分享自己的心理健康经历，马克在自己的挣扎上一如既往的坦率和开放也让他们深感激励。《资本主义现实主义》的出版也起到了鼓励其他人把自己的经历说出来的催化作用。

自那时起，失去马克的悲伤和痛苦就再也没有减轻过，但乔治和我必须学会怎样围绕它建立新的生活——这是我们不得不做的最难的事。马克依然是乔治人生的基准点，他依然以一种奇怪的方式，在家里做的决定或发生的事件中在场。乔治也不再是马克去世时那个 6 岁大的男孩，处在青春期的他开始从另一个视角来思考自己的父亲。在乔治探索自己逐渐形成的自我意识的过程中，我看到，马克对他的成长的影响是巨大的。他不愧是马克的儿子；他的举止和表情，他的好奇心，他的奉献精神，他对在争论场合最后发言的坚持，他对漫威、足球和在费利克斯托生活的热爱都与马克如出一辙。过去几年来，乔治开始更多地了解到在更加广阔的世界里，马克对他的朋友、同事和关注者来说是怎样一个人。他会在 YouTube 上看马克讲课，在网上搜他写的东西，了解其他人对他的看法。

我没法理解在地铁或在机场看到陌生人读自己父亲写的书会是怎样一种感觉，但我的确知道，这件事情让乔治感到自豪；也让他知道，他父亲是一个对许多人来说都很重要的人。乔治和我都知道，失去马克，需要面对马克留下的无法填补的空间的，不只有我们。

我又想起在伍德布里奇的那次谈话，马克希望《资本主义现实主义》能卖 500 本，这样就会让他觉得自己成功了，而如今，我惊叹于他取得的成就之大和他影响到的人的数量之多。他的思想依然有价值，依然有人谈论他。这个事实不会把马克带回来，但也无须如此。他将永远是我们生活的一部分。

导　读

亚历克斯·尼文　撰

"亲爱的马克"，我在 2010 年 1 月给一个不曾谋面的人发的一封电子邮件的开头这样写道：

> 上周我读了你的《资本主义现实主义》一书，那感觉就像是在水下待了很久之后——上来透了口气。我想从心底感谢你如此雄辩地说出了差不多该说的一切，并在我快要绝望的时候，给了我希望的理由。

现在，十多年后回头再读这些话，我为邮件的措辞略感尴尬，但对于其中的情感，我一点儿也不尴尬。当时，在经历了多次丧亲引发的长期后青春期危机之后，我刚受到音乐产业的迎头痛击。我想，我抑郁了——在二十五六岁的人生低谷时期，我想不通为什么 21 世纪就连基本的工作、社交和私人生活，看起来都是那么地难，那么地让人无力，让人觉得活着了无生趣。

对我来说——以及，对当时和自那时起处境相似的其他许多人来说——与《资本主义现实主义》相遇真的就像是浮出水面（*surfacing*，用玛格丽特·阿特伍德 1972 年令人难忘的小说的书名和中心主题来说——这部小说对马克来说是一个堪称正典的文本）。在一个一切都是为了让你认为你的情绪健康始于并终于你自己的个人心理戏剧的社会中，也许，马克的书做的一件最简单也最重要的事情就是指出，没准儿，精神上的痛苦也和作为一个整体的社会的结构性缺陷有关。换句话说，在没完没了地宣扬我们所有人最终都得靠自己的政治系统运作得最为激烈的时刻，《资本主义现实主义》宣告，我们都在一起受苦——更加给人希望的是，如果我们意识到这点，并以某种方式把我们受的各种苦联系起来，那么我们就在做这样一件事情，即在发动有组织的抵抗上迈出了第一步。而到 21 世纪头十年就要过去之时，我们看起来已经在很大程度上忘记了这件事情。

　　这首先也是伴随《资本主义现实主义》而来的至关重要的、近乎神赐的信息，它是于 2009 年最后几周，新的动荡十年的前夕出版的简短、尖锐、爆炸性的文本。在最基本的层面上，无论可能蕴含什么微妙的政治和理论色彩，这都是一本呼吁人们携手合作的书。

　　这在一定程度上也是为什么，虽然我胆怯，虽然我事实上通常并不会做那样的事情，但我还是鼓起勇气，在 2010 年初给它的作者发了一封简短的感谢信，并在次日收到了他简短而充满鼓励的回信（在帮助青年作家这件事情上，马克是出了名的慷慨，他从不吝惜自己的时间和支持。在此必须指出，他有时甚至因此牺牲了自己的工作时间和健康）。这也是为什么《资本主义现实主义》会成为 21 世纪的第二个十年里，乃至迄今为止影响最大的政治文本之一。和所有文类中的大多数写作形式都不一样，这本书丢掉了唯我主义、反讽和自我，想象这样一个共同体（其中，人们之所以团结到一起，仅仅是因为他们相信，过去那么搞不对），继而吸引人们关注这样一种诱人的可能性；不久之

后，这个想象的共同体可能成为能够改变世界的社
会现实。就像《资本主义现实主义》中最引人遐想
的章节之一，如孩子般毫不含糊、满怀希望地质
问：*如果你举行一场抗议活动，所有人都来了该怎*
么办？

不过，虽然带有这种抒情的普世主义，但《资
本主义现实主义》也是具体的甚至是陈腐的地方环
境的产物。而在这篇奇特的论说文成为现代这个时
代的主要文本之一后的几年里，这个环境在很大程
度上已经被人们忽视或忘记了。

其一便是促使这篇论说文出版的独特的个人旅
程。虽然有些不可思议，《资本主义现实主义》是
马克·费舍第一本真正意义上的书，但它是作者
20 年来不依常规的智识探索的结果。事实上，考
虑到它出版之际，马克已经 41 岁了——比作家出
版第一本书的平均年龄要大很多，也许，我们应该
把它看作结束异常漫长的专业学徒期的一个迟来的
突破。但它又绝非不成熟的成长小说（Bildungsro-
man）。在第一本正式署名的书出版之前的几年里，
马克就已经在努力证明这点，即在 20 世纪晚期公

认的写作、学术研究和思考模板外，还有其他可行
的替代方案。《资本主义现实主义》最终证明：马
克是对的。

马克在英国东米德兰兹一个工人阶级家庭长
大。在成长时期，他接触到 20 世纪 80 年代末 90
年代初（这段时间很关键，在 1998 年工党政府针
对高等教育费用的改革[1]引发英国高等教育国家
系统的彻底市场化之前）英国高等教育肥沃的智识
气候，并从中受益良多。在 20 世纪 90 年代的大部
分时间里，马克在华威大学读研。他是控制论文化
研究小组（Cybernetic Culture Research Unit）的主
要成员之一。控制论文化研究小组是一个"加速主
义"派别，致力于在晚期资本主义反乌托邦的远端
想象新的文化模式。虽然在这里没法详细总结控制
论文化研究小组及其经常是秘传的亚文化，我想，
我们可以说，马克在这个离经叛道的派系中受的训
练奠定了他的基本倾向，使他 1999 年在华威大学

---

[1] 工党政府于 1998 年遵循"谁受益，谁承担成本"的原则，对
　　高等教育的经费制度进行了改革，取消了助学金制度，引入
　　了学费和贷学金制度。——译注（本书脚注如无特殊说明，
　　皆为原注）

完成关于"控制理论-小说"的博士论文后，没法
走上传统的职业道路。

后来，在 21 世纪学界之浮躁的进一步帮助
（和同等程度的阻碍）下，马克充分利用他受的控
制论训练，成为在 21 世纪头五年里互联网上还很
年轻的第一批真正不可或缺的人物之一。在不受稳
定学术工作约束的情况下，马克通过占据被西蒙·
雷诺兹（Simon Reynolds）描述为"博客星丛"
（constellation of blogs）的那个场景的中心位置，
把后来所谓的"不稳定"（precarity）变成一种美
德。在大约从伊拉克战争到全球金融危机的五年
里，这个理论和大众文化讨论的小集团，孕育出了
这个星球上一些最好、最有趣的写作。2006 年前
后，你会在所谓的博客圈的这个角落的一些网站
上遇到很长的、通常是相当善意的讨论。这些网站
是其真实生活中的作者的怪异化身，这些作者给自
己取了诸如"电影拳"（Kino Fist）、"脓疡"（The
Impostume）、"极乐博客"（blissblog）和"坐下吧，
伙计，你真是个悲剧"（Sit Down Man, You're a
Bloody Tragedy）那样的化名。这些讨论从网站上

发的帖子开始，在其错综复杂的评论区不断展开。讨论的主题包括但不限于 M. R. 詹姆斯（M. R. James）的鬼故事的遗产、对德里达理论的滥用、战后国资广播的遗产、说唱团体武当帮（Wu Tang Clan）、主流媒体的无意义和北极泼猴（Arctic Monkeys）乐队的歌词在想象力上的贫乏。

马克极具创造性的博客 K-punk 也在其中，并且这个非正式群体的大部分思想能量就是它提供的。K-punk 不但起到更广泛场景的原始版本的社交媒体的中心的作用，也为马克提供了创作空间。在这里，马克发展出在哲学上涉猎广泛的作品，它们用一系列主要是文化上的例子，来试图寻找一条逃离 21 世纪头十年中期沉闷氛围的路线。这个时期，无疑是现代历史上最俗气、最杂乱的插曲。

2008 年，全球金融危机来临，把这个小时期的自满砸得粉碎之时，Zer0 出版公司（Zer0 Books）出现了。它既是对一个假定的"革命时刻"的闪电般的回应，也是博客圈多年头脑风暴的结晶。Zer0 由马克和华威大学的两个哥们（他们并非控制论文化研究小组成员），小说家塔里克·戈达德（Tariq Goddard）和学者马泰奥·曼达瑞尼（Matteo Mandarini）［他们仨再加上宣发艾玛·戈达德就组成了一个完整的阵容］创办。Zer0 的成立标志着这样一个开端：这个迄今为止一直处在边缘的派别（也许，是当时英国唯一一个真正的文学先锋派）开始严肃地向阅读和评论的主流进军。虽然《资本主义现实主义》并不是 Zer0 出的第一本书［2009 年初的像欧文·哈瑟利（Owen Hatherley）的建筑学论战檄文《好战的现代主义》（*Militant Modernism*）那样的文本和马克本人编辑的文集《迈克尔·杰克逊可抗拒的死亡》（*The Resistible Demise of Michael Jackson*）都要比它早］，但对这个新出版机构来说，它显然也是某种宣言，它把马克为 Zer0 出的每一本书的内封写的实际宣言（反对"愚蠢的反智主义"和"受过昂贵教育的雇佣文人"，提倡"出版即把智识公共化"的理念）扩充为一本书。

随着时间的推移，《资本主义现实主义》仅英文版就卖出去了十万多本，它在某种程度上成为 Zer0 叙事中的《未知欢愉》［*Unknown Pleasures*,

快乐小分队（Joy Division）乐队的首张也是最成功的专辑]。的确，Zer0 在深层次上说是一种现代的翻版尝试，它试图重复后朋克独立厂牌工厂唱片（Factory Records）的例子，只是这一次，21 世纪出版业单调乏味、毫无特色的景象，取代了快乐小分队影响深远的黑色现代主义氛围（modernist noir）后的 70 年代背景。事后来看，这一翻版恰当得颇具悲剧色彩。就像在《未知欢愉》和工厂唱片那里，最终，《资本主义现实主义》和 Zer0 也形成了某种电影般的效果，它强调了当反资本主义者试图以一种持续有力的方式用市场来反市场、使市场结构内爆时，在客观上是多么地有趣，在主观上又是多么地痛苦。但这是有待在另一个时间、另一个地点讲述的故事了。

　　《资本主义现实主义》的出版叙事就到此为止。它有点像是，一帮独行其是的人，意图复兴 20 世纪晚期反文化的一些最好的方面，从而将互联网的虚拟能量给实体化了。但这本书更广泛的历史背景又是怎样的？毕竟它把自己定位为对这个背景的纠正和批判。

　　正如我们已经看到的那样，《资本主义现实主义》在一个层面上是 21 世纪头十年英国特定环境的产物。带着后见之明，从我们自己威权主义蔓延、生态灾难近在眼前的时代的角度来看，我们可能会认为，这个社会相对稳定、生活水平相对较高的时期还不错。但我们应该明确这点，即对马克和 Zer0 圈子的其他许多成员来说，它代表着一种特殊的反乌托邦。除了关于（更加短暂的）第三条道路自由主义之下发生的不断加深地不平等的更加复杂的讨论外，理解这点也很重要：马克在《资本主义现实主义》中抓住的那种绝望感，在很大程度上出自这个时代的一种在历史上独特的感觉，那就是，在哪里都看不到对慢慢恶化的现状的任何反对。

　　在那十年之初，在娜奥米·克莱恩的反全球化宏论《No Logo：颠覆品牌全球统治》如日中天之际，的确爆发了一波反资本主义抗议，但之后，在 21 世纪头十年中后期，世界上大部分地区迅速平静下来。在这些年里某个不确定的时刻，一种抑郁的冷漠情绪开始成为主流。当然，用《资本主义现实主义》中反复出现的一个核心表述来说，那种认为除全球化的资本主义之外别无选择的意识，至少从 20 世纪 90 年代初开始就已经普遍存在了，当时东欧的政治形势表明，新自由主义开始进入帝国阶段。但实际上，在全球金融危机前的那几年里，这种看似切合实际——实为宿命论——的世界精神才真正成为一种霸权意识形态。

在广泛代表世界发达国家的英国的语境下，这种面对熵增的无望感是由领头的新工党政府的政治恶行激发的。在 1997 年被一波甚至让很多激进人士也感到乐观的浪潮推上台后，这届中派或中右派政府的第一个任期（1997—2001）在新保守主义和一些真正激进的变革之间徘徊。前者包括对移民和申领救济金的人摆出强硬姿态，不断地把公共设施私有化，谄媚地支持大企业。后者最值得注意的部分，是外交政策方面的改革，如 1997 年苏格兰和威尔士权力下放的全民公投，和 1998 年北爱尔兰《耶稣受难日协议》的签署。不过，2003 年，随着伊拉克战争的爆发，布莱尔政府外交简报上的措辞急剧右转。最迟也是在这个时候，新工党采取了一种更加典型的、经典的里根-撒切尔式的新自由主义立场。

　　随着英国国家医疗服务体系的私有化改革继续加速，随着布莱尔政府提高（并威胁进一步提高）其于 1998 年首次引入的高等教育费用，在英国文化中，特别是在年轻人那里，出现了一种强烈的衰落和没落感，但当时的房地产市场泡沫和看似稳健的经济又抵消和遮蔽了这种感觉。老一辈职场人士尚能保障体面的生活，虽然就像我们将看到的那样，这些人并不包括那些在日渐陷入困境的公共部门工作的人。大众媒体对这种时代精神的表达，是莫名其妙地炒作出一堆像恺撒首领（Kaiser Chiefs）、剃刀光芒（Razorlight）和祖特斯乐队（the Zutons）那样极其缺乏独创性的吉他乐队，并形成一种唯利是图的名人文化。这种文化的典型，就是像《老大哥》和《我是名人……救我出去》（I'm a Celebrity... Get Me Out of Here）那样的剥削性的电视节目［更不用说最低级的，像《热力》（Heat）、《迷恋》（Nuts）和《动物园》（Zoo）那样的印刷行业没落时期的垃圾杂志了］。在人类有史以来最大规模的抗议（2003 年 2 月的反伊拉克战争示威活动）被布莱尔及其同僚彻底无视之后的那几年里，那感觉在很大程度上就像是，我们被困在这样一个循环里：晚期资本主义的粗俗愈演愈烈，没有任何反文化或异见联盟来提供哪怕一点点对这种粗俗的阻力，更不用说减轻这种粗俗了。

正是在这个令人窒息的历史时刻，在又熬了差不多一年之后，在 2009 年圣诞节前夕，《资本主义现实主义》像炸弹一样被投下。在这令人困惑的一年多时间里，摇摇欲坠的政治系统经历了一系列无效的修补工作：包括在金融危机后为银行系统纾困，新自由主义倾向的美国总统巴拉克·奥巴马上台，在旷日持久的议员巨额"报销门"丑闻之后半心半意地"清理"英国政治的努力和其他令人作呕的事。

马克的书原文仅有几万个单词，显然既不是理论的鸿篇巨制，也不是广泛的政治概述（但它又不只是一份像马克思和恩格斯的《共产党宣言》那样的真正简洁的宣言，后者的篇幅只有这本书的一半）。不过，《资本主义现实主义》还是有一些基本主旨，使它不同于同一个泛文学类别的书——同时

代的弗雷德里克·詹姆逊和斯拉沃热·齐泽克的作
品值得注意，它们直接影响了马克——也从根本上
给了它远远超越他的同行的散论作品的影响力。就
像我在谈到自己对《资本主义现实主义》的发现时
指出的那样，马克的文本发出的共同体至上的斗争
呼吁中有种基本的正义和及时感，这种正义和及时
感在一定程度上绕过了文中更加具体的例子，给了
这个文本激发读者情感的力量。不过，在另一种意
义上，那些真实世界的例子又是马克试图在书中说
明的核心信息的基础，它们帮助确保这个文本不至
于沦为关于来临中的共同体的抽象的理论散文诗。

　　本质上，这本书的日常叙事是围绕这样一些相
互关联的主题来进行的：老人和年轻人之间的关
系；代际交接之受阻；教育及其专业结构（使教师
和学生都苦不堪言）的主要作用；以及由此延伸，
作为一个整体的"社会的公民和智识生活"。在关
于"千禧一代"和"Z 世代"的讨论获得广泛关注
的几年前，马克就在阿方索·卡隆 2006 年的电影
《人类之子》中为 21 世纪这个巨大的新代沟找到了
一个动人的隐喻——《资本主义现实主义》在它怪

异的引人注目的开头便总结了这部电影。在卡隆反乌托邦的不久的将来的英国（这个想象最早是由原著作者，小说家出身的保守党贵族 P. D. 詹姆斯提出的），整个社会都神秘地失去了生育孩子的能力。对马克来说，我们要以隐喻的方式来解读这个叙事，把它当作质问晚期资本主义社会中占主导的停滞和宿命论情绪的基础。在借用齐泽克和詹姆逊那个言简意赅的表述，"想象世界末日比想象资本主义末日更容易"（就像卡隆电影的末世背景中体现的那样），吸引我们的注意之后，马克又向我们提出两个更加尖锐的问题："在没有新事物的情况下，文化能持续多久？""如果年轻人不再有能力生产惊奇，那会发生什么？"

再一次地，强调这点是有用的：对文化停滞的强调，在一定程度上是对 21 世纪头十年后期特定氛围的回应（如今，在 21 世纪漫长的第二个十年的一连串社会政治冲击后，我们不大可能再去谈论一个没有"惊奇"的世界）。然而，作为一个关于我们所处的更大的历史时代的判断，缺乏创造的基本诊断依然大致准确。就其大纲而言，这个理论既是对早期詹姆逊"后现代主义"批判的延伸（的确，马克也承认这点），也预示了后来关于"复古热"（指 20 世纪 80 年代末之后，大众文化向自己的过去急速退却）的讨论，后者随着西蒙·雷诺兹 2011 年同名研究，以及马克本人 2014 年的文选《我的生活的幽灵》(*Ghosts of My Life*) 达到高潮。[这个书名在很大程度上是 21 世纪头十年博客上玩出来的一个梗 (meme)，两位作者都是其中的主要成员[1]]

但《资本主义现实主义》通过一系列取自马克不稳定的学界就业经验的简介描述，给了这个理论一个更加坚实的基础。它是最早真正被人们广泛阅读的，对晚期资本主义公共部门工作生活的批判作品之一。马克在书中提出的那个新词"市场斯大林主义"，漂亮地总结了当时全世界无数沉闷的办公

---

[1] "我的生活的幽灵"出自马克最喜欢的 Japan 乐队的单曲 "Ghosts" 和 Rufige Kru (Goldie) 的 *Ghosts of My Life*，马克一度想把它用作自己博客的名字。马克和雷诺兹在博客上从幽灵出发，围绕"对未来的怀旧"和"幽灵学"展开了大量讨论，参见 https://k-punk.org/hauntology-now/, http://blissout.blogspot.com/2006/10/nostalgia-for-future-good-thoughts-from.html, http://reynoldsretro.blogspot.com/2012/05/。——译注

室和会议室中实际发生的事情。马克认为，在典型的公共部门工作场所：

> 我们不是直接比较工人的绩效或产出，而是比较绩效或产出的审核再现。这就不可避免地造成一种短路，工作的目的变成生成和美化"再现出来的表象"，工作本身的正式目标反而被丢到一边。的确，一项关于英国地方政府的人类学研究认为，"更多的努力被花在确保正确地再现地方当局的服务而非真正改进那些服务上"。这种优先次序的颠倒，是这样一种系统的标志之一。晚期资本主义重复斯大林主义的地方就在于，这种与实际的成就相比更加重视成就的符号的做法。

对资本主义"大他者"的大胆命名，和《资本主义现实主义》中更广泛的策略是一脉相承的。这非常简单且出色地突出了晚期资本主义和战后共产主义东欧阵营实际存在的社会主义之间的广泛比较。但再一次地，通过再次盗用西方关于 20 世纪

末东欧是一个文化贫瘠之地的刻板印象，对一个缺
乏创造能量的文明景观的描述，也是更加广泛的论
证的一部分，那就是，到这个资本主义（欠）发展
的阶段，像英美这样的新自由主义社会根本就没有
增长。

　　如果说老一辈学者和知识分子在精神上被框住
了，无法想象新的存在与行动方式的话，那么，就
像马克指出的那样，对年轻人来说，在其成长的关
键阶段，在官僚制面前的那种卡夫卡式的无助与无
望感也渗入了他们的心灵。根据自己的延续教育教
学经验，马克提出了另一个突破性的诊断：如今的
青少年患上了一种他称作"抑郁的快乐"的病。他
把它定义为一种

　　　　与其说是在获得快乐上的无能，不如说更
　　多地是在做追求快乐之外的一切事情上的无
　　能。处于这种状况的人会觉得"缺了什
　　么"——但不理解这个神秘、缺失的乐子只能
　　在快乐原则之外获得。在很大程度上，这是学
　　生的结构位置不明确造成的后果，他们搁浅在

作为"规训制度的主体"的旧角色和作为"服务的消费者"的新身份之间……学生意识到，就算他们连续缺席好几个星期，并且/或者不完成任何功课，他们也不会面临任何实质性的处罚。面对这样的自由，他们通常不会有别的追求，而只会陷入快乐（或缺乏快乐）的倦怠：迷迷糊糊，在电子游戏、通宵达旦的电视和大麻带来的舒适中忘记忧愁。

在智能手机确立霸权的几年前，此分析就直接切中了这个问题的要害：为什么虽然后现代资本主义社会看似自由，21世纪的青年文化却陷入了停滞？为什么在一个压迫个人的自由和满足被视为终极邪恶的历史时期，年轻人却感到如此地不满足，如此地缺乏活力？

马克超越了老套的、到此时已经严重过时的斯大林式教条主义的"虚假意识"说，他提出了一种简单的、有经验基础并且完全站得住脚的解释。在向21世纪头十年末期延伸的全球化黄金时代的积极和表面上的欣快之下，《资本主义现实主义》展示了"市场至上"事实上是被改造为消费者的公民的全面屈服。在新自由主义盛行的年代，人们甚至没有词来形容新自由主义造成的压迫。马克能够说出很多人感觉到却几乎没有人能用言语来表达的社会控制形式，这个能力本身就蕴含着激进的力量。这就是为真人秀、高等教育费用和 iPod Nano 的时代而改造的反思性讲话，如果你愿意这么理解的话。

如果说《资本主义现实主义》的一些文字在今天看起来有点过时的话，那么，这在一定程度上是因为，这本书在出版后的几年里取得了惊人的成功。虽然在 2009 年末刚出来的时候就产生了巨大的影响，但马克文本的真正病毒式传播是在后来，伴随 2011 年左右的一系列事件发生的。按一些人的说法，这是"危险地做梦的一年"。

在英国的语境中，2010 年末的学生抗议为《资本主义现实主义》的流行奠定了基础。引发抗议的导火索，是右翼保守党-自由民主党联合政府在上台后做出的一个致命的决定，即把大学学费从每年 3000 英镑左右提高到 9000 英镑左右。（需要指出的是，这个决定和下台的新工党首相戈登·布朗委托的一份报告提出的建议是一致的。）在某种意义上，此刻，《资本主义现实主义》中所有关于走向灾难的反乌托邦教育系统的讨论开始显现出真正的先见之明。在学生债务大幅增加的前景和联合政府"紧缩"计划的第一波攻势（即以野蛮的、极端新自由主义的方式大肆削减公共部门的权利）面前，人们产生了这样一种感觉，临界点终于来了。

虽然马克把他对市场斯大林主义和抑郁的快乐的诊断与激励的批评——现代学生看起来"脱离了政治""听天由命"——放在一起说，但席卷英国数个城市的反对学费上涨的抗议表明，这样的挑衅式激励至少在一定程度上取得了成功。的确，当大批抗议的学生在伦敦街头被警察围堵，并通过静坐示威、占领大学建筑而一下子变得激进起来时，显然，《资本主义现实主义》本身，在帮助人们找到马克所谓的"一条跳出积极进取/消极怠工之二元对立的出路"上起到了重要作用。马克在当时写的一篇博文中赞扬了伦敦学生抗议的阶级构成，他评论说：

（我们）读拉康的潮人也在那里，与"来
自伦敦南的克洛伊顿和佩克汉姆、伦敦中心偏
北的伊斯灵顿的公营小区的郊区青年"同在。
换言之，这场抗议像过去艺术学校——对 20
世纪 50 年代以来的英国流行艺术文化来说，
这些学校是如此地重要——常做的那样，把工
人阶级文化和波西米亚结合到了一起。

括号里的"我们"是一个典型的马克式谦逊姿
态。事实上，2010 年末的示威者更可能读的，与
其说是拉康自己的著作，不如说是马克自己在《资
本主义现实主义》中对拉康理论的务实的再创作。
随着这本几乎是离奇地应景的书的口碑越传越广，
随着英国的抗议迅速引发"危险地做梦的一年"发
生的一系列更为重要的全球骚乱（阿拉伯之春、占
领华尔街运动、西班牙的愤怒者运动、雅典的反紧
缩抗议），这点也变得越来越明显：21 世纪第二个
十年初爆发的那一波激进运动的参与者的首选宣言
之一，就是《资本主义现实主义》。就像马克在那
本书的激动人心的结语中写的那样：

最微小的事件也能在反动的灰幕（在资本主义现实主义下，这个灰幕标志着可能性的地平线）上撕出一个洞。在什么都不可能发生的情况下，突然一切又变得可能了。

虽然这样的措辞在 21 世纪头十年末的时候似乎只是满怀希望（也许是一厢情愿）的想法，但2010—2012 年的事件保证了这点：现在，它像是在直接报道现实了。随着一种新的斗争情绪取代了上一个十年的冷漠麻木，这个乌托邦的战斗口号中各种现在时语法形式的奇怪、令人无法喘息的混合，也开始有了强大的意义。突然，好像一切真又变得可能了。

接下来发生的，是大多数人很可能都知道的事情。现在，我们开始进入我们自己暧昧的、还在展开的现在时了。虽然 21 世纪第二个十年早期激进突破的余波在接下来的十来年里依然隆隆作响，虽然许多当代左翼的领军人物依然相信这段插曲（及其核心文本《资本主义现实主义》）构成了一个转变时刻，但必须说，在写作本文时，世界大部分地

区似乎又再次陷入一种和当初在 21 世纪头十年末
使马克怒而提笔论战的那种状态相似的麻木状态。

在英语世界，激进的能量输送到像伯尼·桑德
斯和杰里米·科尔宾那样的左翼民粹主义人物身
上，短暂地开启了大规模政治改革的可能性。但最
迟到 21 世纪 20 年代初，二者的失败都在不同程度
上成为定局。同时，左翼激进联盟在希腊左翼政府
中的实验早就失败了，而全球范围的占领运动也在
很大程度上成为历史上的一件趣事。在这一切之
下，全球资本主义在结构上的孱弱继续生成反复出
现的危机。但在缺乏真正有说服力的替代选项的情
况下，资本主义政府却成功地苟延残喘。如果非要
说有什么变化的话，如今，在生态灾难成为一个比
《资本主义现实主义》成书时更加清晰、更加迫切
的危险的情况下，马克借用的那句"想象世界末日
比想象资本主义末日更容易"的格言甚至更加贴
切了。

也许，到 21 世纪 30 年代之时，随着有激进倾
向的千禧一代和 Z 世代成为全球政府的中坚力量，
人口结构的变化终将促成改革主义的重大突破。但

现在，我们必须面对这样一个事实，即虽然与 21 世纪头十年末相比，左翼的思想和态度更具影响力，也更加频繁地被提起，但也许可被称作"《资本主义现实主义》一代"的那代人复兴抗议和行动主义的呼吁，还没有形成任何真正持久的激进成果（更不用说引发任何类似于过去的政治革命的运动了）。同时，法西斯主义和极右翼的重新抬头，又引出了这样一种可能性，即资本主义崩溃将导致的结果，可能是军国主义和威权主义的胜利，而非任何更加人道的平等至上的全面改革。

当然，《资本主义现实主义》给马克个人带来的结果，也是悲伤和梦想的破灭。虽然这本书为马克赢得了赞誉和广泛的读者，但它并没有给他带来他应得的职业上的持久成功——不管它对他的职业产生（或缺乏）什么样的影响，这本书在 21 世纪第二个十年上半叶获得的关注，都几乎没有对他日渐恶化的心理健康状况产生任何影响。澄清这点是重要的，马克 2017 年 1 月悲剧性的自杀，和《资本主义现实主义》没有任何直接联系。没有什么比这样的做法更愚蠢，更毫无同情心，更毫无根据的了：（武断地）说马克之所以决定结束自己的生命，是因为他在 2009 年预见并激励的抗议复兴到 2017 年初似乎已经搁浅；或肤浅地拿他个人的挣扎与 21 世纪第二个十年的社会历史叙事类比。不过，我认为我们至少可以说，马克的死的确是一个具有更广泛影响的事件，主要是因为它让我们失去了一位异常雄辩而敏锐的社会评论家，也因为它排除了这样一种可能性：《资本主义现实主义》这份给人带来惊奇的、一代人的宣言还会再有续集。

不过，言尽于此，抛开所有历史意义的问题不谈，最终，我们还是要听从马克这部杰作的核心论证，它至少和克尔凯郭尔、黑格尔或马克思哲学中的论证一样深刻。说到底，《资本主义现实主义》告诉我们：在一个共同体或一个个体被压迫之时，没有什么行动比以下行为更激进或更有必要的了。超越当下表面的限制，去相信终有一天，看似真实和务实的情况之外的某种情况会成为现实；并且很可能，这种情况会以比此刻人们所能想象的更快的速度、更有力的方式成为现实。另一种选择，就像马克如此充满激情地论证的那样，则是欺骗自己别无选择。也就像他确凿地证明的那样，这种自欺既荒谬，又毁了人类生活的命运（在它最基本的意义上）。虽然它的潜在含义是悲剧和被挫败的理想主义，但无疑，《资本主义现实主义》将因为这个核心信息而获得更加长久的生命力。

想象世界末日
比想象资本主义末日更容易

在阿方索·卡隆 2006 年的电影《人类之子》的一个关键场景中，克里夫·欧文扮演的角色蒂奥（Theo）到巴特西发电站找一个朋友。如今，这个地方在某种程度上既是政府大楼，又是私人收藏馆。这栋建筑本身就是翻新过的文物，里面保存着各种各样的文化珍宝——米开朗琪罗的《大卫》、毕加索的《格尔尼卡》、平克·弗洛伊德的充气猪。在这里，我们唯一一次得以瞥见躲起来避难的精英的生活。他们躲避的那场灾难引起了大规模的不育：整整一代人没有一个孩子出生。蒂奥问："要是没人看，这一切又有什么意义呢？"不能再拿子孙后代当借口了，因为不会有后代。回答是虚无主义的享乐主义："我试着不去想它。"

《人类之子》中的反乌托邦的独特之处在于，这种反乌托邦是晚期资本主义所特有的。这不是在反乌托邦电影中经常出现的那种熟悉的极权主义场景。在 P. D. 詹姆斯的原著小说中，民主被悬置了，国家由一个自封的管理人统治，但电影明智地淡化了这点。据我们所知，在一个名义上依然民主的政治结构中也可以贯彻无处不在的专制措施。反恐战争已经让我们做好了迎接这一发展的准备：危机的常态化产生了这样一种情况，在这种情况下，废除为应对危机而引入的措施变得不可想象（这场战争什么时候才会结束?）。

在观看《人类之子》的时候，我们不可避免地会想起被归到弗雷德里克·詹姆逊和斯拉沃热·齐泽克名下的那句话，即想象世界末日比想象资本主义末日更容易。这句话准确地捕捉到我所说的"资本主义现实主义"的意思，即这样一种普遍的感觉：资本主义不但是西方唯一可行的政治经济系统，而且，如今，就连给它想象一个合乎逻辑的替代选择也不可能了。曾经，反乌托邦电影和小说是对那种想象行动的演练——它们描绘的灾难起到了叙事托词的作用，因为灾难，所以出现了不同的生活方式。在《人类之子》中不是这样。它展现的世界看起来更像是对我们的世界的推进或加剧，而非其替代选择。在它的世界中，和在我们的世界中一样，超级威权主义和资本绝非不可兼容：拘留营与特许经营的咖啡店共存。在《人类之子》中，公共空间被抛弃了，被无人清理的垃圾和寻迹而来的动物占据（在电影中，一个特别引人联想的场景就发生在一所废弃学校，一头鹿从中奔跑而过）。新自由主义者，资本主义现实主义的典范，庆祝公共空间的毁灭，但是，和他们明面上的希望相反，《人类之子》中，国家并没有消亡，而只是被剥去了其军事和警察等核心功能外的一切功能。（我说"明面上的"希望是因为，即便在意识形态上痛斥国家，新自由主义还是在暗中仰赖国家。在 2008 年银行危机期间，这点暴露得尤为清晰。当时，在新自由主义理论家的邀请下，国家匆忙下场以维护银行系统。）

《人类之子》中的灾难既不是未来的，也不是已经发生的。相反，人们正在经历它。灾难没有一个准确的时间点；世界没有轰然坍塌，它熄灭，瓦解，逐渐分崩离析。灾难发生的原因，没人知道；它的原因在遥远的过去，和当下没有一点儿关系，以至于它看起来就像是某个恶意的存在任意造成的：一次负面的奇迹，一个任何忏悔都不能化解的诅咒。只有通过一种同样无法预见的干涉才能消弭这一祸害。行动毫无意义；唯有毫无意义的希望才有意义。无助者的首要依仗——迷信和宗教，大量涌现。

可灾难本身又如何呢？显然，必须以隐喻的方式来解读不育的主题，把它看作另一种焦虑的替代。我想论证的是，我们需要从文化的角度来解读这种焦虑，而电影提出的问题是：在没有新事物的情况下，文化能持续多久？如果年轻人不再有能力生产惊奇，那会发生什么？

《人类之子》把这样一种想法——即很可能，未来只有重复和重新排列组合——和"末日已至"的怀疑关联起来。会不会以后都没有突破，没有"新的冲击"了呢？这种焦虑往往会造成一种两极摇摆：从微微地，像盼望救世主一样对"新事物一定会来"抱一线希望，到郁闷地相信"不会有任何新事物了"。关注的焦点从下一件大事转向了上一件大事——它发生多久了，它有多严重？

在《人类之子》的背景中隐约可以看到 T. S. 艾略特的影子。毕竟，电影继承了《荒原》的不育主题。电影结尾的梵语"shantih shantih shantih"与其说与《奥义书》中的"和平"有关，不如说更能让人联想到艾略特的碎片。也许，从中可以窥见另一个艾略特——《传统与个人才能》的作者艾略特——担忧的问题。在那篇论文中，艾略特先于哈罗德·布鲁姆，描述了正典与新事物之间的相互关系。新事物通过回应已经确立的事物才成其为新；而已经确立的事物也必须通过回应新事物重构自身。艾略特的主张是，要是未来枯竭了，那我们甚至连过去都不会有。在不再被争议和修订的情况下，传统什么也不是。只被保存下来的文化根本就不是文化。电影中，毕加索的《格尔尼卡》的命运——它曾是反对法西斯暴行的悲愤号叫，如今却只是挂在墙上的装饰物——堪称典范。和电影中悬挂它的巴特西发电站一样，这幅画只有在剥夺了一切可能的功能或语境的情况下，才被赋予了"圣像的"（iconic）地位。当再没有新的眼睛来观看它时，文化物也就失去了它的力量。

我们无须等到《人类之子》中那个不久的未来来临,就能看到这种文化向博物馆藏品的转变。资本主义现实主义的力量就部分源于,资本主义容纳和消费先前所有历史的方式:其"等价系统"的效力。这个系统可以给所有文化物——无论它们是宗教圣像、色情作品还是《资本论》——一个货币价值。在大英博物馆逛逛,你就会看到这个过程的震撼画面。在那里,你会看到各种物从它们原本的生活世界被撕扯出来,堆到一起,就像聚集在铁血战士飞船的舱板上一样。在实践和仪式向纯粹审美对象的转化过程中,先前文化的信仰被客观地反讽化了,变成了人造物(artifacts)。因此,资本主义现实主义不是现实主义的特定类型;它更像是现实主义本身。就像马克思和恩格斯在《共产党宣言》中说的那样:

> 它把宗教虔诚、骑士热忱、小市民伤感这些情感的神圣发作,淹没在利己主义打算的冰水之中。它把人的尊严变成了交换价值,用一种没有良心的贸易自由代替了无数特许的和自力挣得的自由。总而言之,它用公开的、无耻

的、直接的、露骨的剥削代替了由宗教幻想和政治幻想掩盖着的剥削。[1]

资本主义就是信仰在仪式或符号阐释层面崩溃后剩下的东西，而剩下的，只有在废墟和遗迹中跋涉的消费者-旁观者。

从信仰到审美、从介入到旁观的这个转变，被认为是资本主义现实主义的美德之一。通过声称——就像巴迪欧说的那样——"使我们摆脱过去的意识形态"激发的"致命抽象"，资本主义现实主义把自己呈现为一种保护——保护我们不受信仰本身带来的危险侵害。专属于后现代资本主义的那种"保持反讽距离"的态度据说能使我们免受狂热的诱惑。我们被告知：放低期望，是为保护自身不受恐怖和极权主义威胁而付出的微小代价。"我们生活在矛盾中"，巴迪欧说：

　　在我们面前，一种骨子里的不平等，只以

---

[1] 译文出自《共产党宣言：马克思诞辰 200 周年纪念版》，马克思、恩格斯著，中共中央马克思恩格斯列宁斯大林著作编译局译，人民出版社，2018 年版，第 30 页。——译注

金钱评价一切存在的野蛮事态被呈现为理想。
但为了给自己的保守主义正名，既有秩序的支
持者又不能真的说这种事态理想或美好。所
以，他们决定反过来说其余一切都很可怕。他
们说，当然了，我们的生活状况可能<u>没有好到</u>
<u>完美</u>。但我们是幸运的，因为它不坏。我们的
民主不完美，但它总比血腥的独裁好。资本主
义不正义……我们任由数百万非洲人死于艾滋
病，但我们不会发表种族主义的民族主义宣
言。我们用飞机杀死伊拉克人，但我们不会像
卢旺达大屠杀中的胡图人那样用砍刀割破敌人
的喉咙，等等。

这里的"现实主义"和抑郁症患者的"丧"类
似。后者相信，一切积极状态，一切希望都是危险
的错觉。

德勒兹和加塔利对资本主义的描述，无疑是自
马克思以来最令人印象深刻的。他们把资本主义描
述为一种先前所有社会系统都无法摆脱的黑暗潜
能。他们认为，资本是"不可名状之物"，是原始

社会和封建社会"预先避开"的可憎之物。当资本主义真的到来，随之而来的，是文化的大规模去神圣化。资本主义是这样一种系统，它不受制于任何超越的法；相反，它拆解一切规则，为的只是基于临时的考虑重建它们。资本主义的界限不是由法令（fiat）来固定的，而是被务实地、即兴地定义（和重新定义）出来的。这就使资本主义很像约翰·卡朋特电影《怪形》中的那个东西：一个怪异的、无限可塑的实体，能够代谢和吸收它触及的一切。德勒兹和加塔利说，资本是一幅"由以往一切构成的斑驳之画"；它是一种糅合了超现代和古代的奇怪混杂。在德勒兹和加塔利写下他们两卷本的《资本主义与精神分裂》后的那几年里，看起来，资本主义的去领土化冲动还只限于金融，而文化则由再领土化的力量主导。

当然，这种不适，这种没有新东西了的感觉本身并不新鲜。我们发现自己正处于弗朗西斯·福山在柏林墙倒塌后吹嘘的那个臭名昭著的"历史的终结"。福山的论题——历史随自由主义资本主义而达到巅峰——可能被广泛嘲笑，但在文化无意识的层面，它却被接受，甚至被假定为真。不过，要记住，甚至在福山提出这个论题的时候，那种认为历史已经抵达"终端海滩"[1] 的想法还不只是胜利主义的。福山警示说，他的光辉城市也会闹鬼，但他认为它的幽灵将是尼采式的。尼采在他最有先见之明的作品中描述了"一个时代里历史的过度饱和"。他在《不合时宜的沉思》中写道，"它会让一个时代陷入一种危险的、针对自己的反讽情绪，并随后陷入甚至更加危险的犬儒情绪"，在那种情绪中，一种超脱的旁观主义，"世界主义的指法"[2] 取代了介入和参与。这便是尼采之末人的状况，他见过一切，却又正因为这种（自我）意识的过度而

---

[1] 语出 J. G. 巴拉德的同名短篇小说集。——译注
[2] 尼采原文为："悲观主义之为力量——就什么而言？在其逻辑的能量中，作为无政府主义和虚无主义，作为分析。悲观主义之为衰落——就什么而言？作为不断变大的效能，作为一种世界主义的指法，作为'理解一切'和历史主义。临界张力：极端出现并成为主导。"参见 http://nietzsche.holtof.com/Nietzsche _ the _ will _ to _ power/the _ will _ to _ power _ book _ I. htm，英文为 "Pessimism as strength—in what? in the energy of its logic, as anarchism and nihilism, as analytic. /Pessimism as decline—in what? as growing effeteness, as a sort of cosmopolitan fingering, as "tout comprendre and historicism. /The critical tension: the extremes appear and become predominant"。——译注

变得颓废无力。

　　从某些方面来看，福山的立场是詹姆逊立场的镜像。众所周知，詹姆逊主张后现代主义是"晚期资本主义的文化逻辑"。他认为，未来的失败构成了一个后现代文化场景，正如他正确地预言的那样，这个场景将为拼贴和复兴所主导。考虑到詹姆逊已经令人信服地论证过后现代文化和消费（或后福特主义）资本主义中的特定倾向之间的联系，资本主义现实主义这个概念看起来可能完全没有必要存在。在某些方面也的确如此。我所谓的资本主义现实主义可以归入詹姆逊用理论论述的后现代主义范畴。然而，虽然詹姆逊花了很大的力气来澄清，但后现代主义依然是一个极具争议的术语，它的意义多而不定——多而不定是对的，只是不利于我们把事情说清楚。更重要的是，接下来我想论证，在詹姆逊描述和分析的那些过程中，有一些如今已经恶化得如此严重，并积习成癖，以至于在本质上发生了变化。

　　归根到底，与后现代主义相比，我更喜欢资本主义现实主义这个术语有三个理由。在 20 世纪 80

年代，当詹姆逊第一次提出他关于后现代主义的论题的时候，资本主义至少在名义上还有政治上的替代选择。而如今我们面对的，是一种更加深刻、更加无处不在的枯竭感，文化和政治的不育感。在英国，阶级对抗的断层线在 1984—1985 年矿工大罢工那样的事件中暴露得一览无余。矿工的失败是资本主义现实主义发展的一个重要时刻，至少在象征维度上，和它的实际影响一样重要。封矿的理由，确切来说，正是让它们开着"在经济上不现实"，而矿工则成了注定失败的无产阶级罗曼史中最后的行动者。20 世纪 80 年代是争取和确立资本主义现实主义的时期，这时，玛格丽特·撒切尔的信条"别无选择"——如果要用一句尽可能简洁的口号来表达资本主义现实主义的话，那就是它了——成了一个野蛮地自我应验的预言。

其次，后现代主义会涉及与现代主义的某种联系。詹姆逊关于后现代主义的研究始于阿多诺等人抱有的那个想法，即现代主义仅凭其形式上的创新就具有革命的潜能。相反，詹姆逊看到的情况则是，现代主义的主题被纳入大众文化（比如说，突然，广告中出现超现实主义的技法）。在具体的现代主义形式被吸收和商品化的同时，现代主义的信条——据说，现代主义信奉精英主义及其独白式的、自上而下的文化模式——又在"差异""多样性"的名义下遭到质疑和拒绝。资本主义现实主义不再上演这种与现代主义的对抗。相反，它视现代主义的彻底失败为理所当然：如今，现代主义是这样一种东西，它可以周期性回归，但只可能作为一种被冷藏的审美风格，而绝不可能作为一种生活理想。

再次，自柏林墙倒塌以来已经过去了整整一代人的时间。在二十世纪六七十年代，资本主义不得不面对怎样遏制和吸收来自外部的能量的问题。如今，事实上，它面临相反的问题；在太过成功地吸收外部性之后，它该怎样在没有一个它可以殖民和占有的外部的情况下继续运作呢？对欧洲和北美大多数 20 岁以下的年轻人来说，"资本主义之外，别无选择"甚至不再是一个问题。资本主义无缝地占据了可思考的视野。詹姆逊曾惊恐地告诉我们，资本主义是怎样深入无意识的；如今，资本主义已经殖民了人们的梦想式生活这个事实是如此地稀松平常，以至于不值得评论。把不远的过去想象为某种堕落前的充满政治潜能的状态，是危险且具有误导性的；对商品化在 20 世纪文化生产中起到的作用念念不忘也一样。可"盗用"（détournement）和"回收"（recuperation）[1] 之间、颠覆与吸收之间的古老的战看起来已经打完了。如今我们面对的，不是对之前看似具有颠覆潜能的材料的吸纳（incorporation），而是对它们的预纳（precorporation）：资本主义文化预先设计和塑造人们的欲望、渴望与希望。比如说，我们看到，资本主义文化设立了固定的"另类"或"独立"文化区，这些区域没完没了地重复旧的反叛和争论姿势，就像是第一次这么搞

---

[1] 这是情境主义者提出的一对概念。"盗用是'盗用预先存在的美学元素'的简称，指把当下或过去的艺术生产整合为一种更高级的、对环境的建构。在这个意义上，不存在情境主义的绘画或音乐，只有情境主义对那些手段的使用。在更基本的意义上，在旧文化领域内盗用是一种宣传方法，用以揭露那些领域重要性的耗尽或丧失。"盗用"资本主义系统及其媒体文化的表达以反对资本主义系统本身"，简单地说，即把主流文化用于激进的颠覆目的。与盗用相反，回收即主流文化吸纳激进作品和思想的过程。参见https://en.wikipedia.org/wiki/D%C3%A9tournement。——译注

一样。"另类"和"独立"指的不是主流文化之外的某种东西；相反，它们是主流内的风格，事实上更是唯一的风格。在呈现这个僵局（并与之斗争）上，没有人比科特·柯本和涅槃乐队做得更好了。在其极度的倦怠和无对象的愤怒中，柯本看起来疲惫地表达了在历史之后的一代人的沮丧，他们的每一个举动，甚至在发生之前，就已经被预料，被追踪，被买卖了。柯本知道自己不过是构成景观的又一个部分，在 MTV 上没有什么比抗议 MTV 的效果更好的了；他知道自己的每一个举动都是事先写好脚本的套路，他知道甚至意识到这点也是套路。使柯本无力的正是詹姆逊描述的那种绝境：和普遍而言的后现代文化一样，柯本发现自己置身于"这样一个世界，在这个世界中，风格上的创新不再可能，剩下的只有模仿死去的风格，借想象的博物馆中的风格的面具和声音说话"。在这里，甚至成功也意味着失败，因为成功仅仅意味着，你是喂养系统的新肉。但涅槃乐队和柯本高度存在主义层面上的愤怒属于一个更古老的时刻；接替他们的，是一种毫无顾虑地复制过去形式的拼贴摇滚。

柯本之死，确认了摇滚的乌托邦和普罗米修斯
之野心的失败与被收编。他死时，摇滚就已经在嘻
哈面前黯然失色了，而嘻哈在全球取得成功的前
提，正是我在上文中提到的那种资本的预纳。对多
数嘻哈来说，一切认为青年文化可以改变一切事情
的"天真"希望，都被对一种野蛮简化的"现实"
的冷静接受所取代。西蒙·雷诺兹 1996 年在《导
线》杂志上发表的一篇论文中指出：

> 在嘻哈中，"真"有两层意思。首先，它
> 意味着本真的、不妥协的音乐，这种音乐拒绝
> 向音乐工业出卖自己，拒绝为跨界而软化自己
> 要传递的信息。"真"也指音乐反映某种由晚
> 期资本主义的经济不稳定、制度化的种族主
> 义、警察对青年与日俱增的监控和骚扰构成的
> "现实"。"真"意味着"社会"之死：它指的是，
> 在利润增加后不提高报酬或改善福利反而……
> 裁员（解雇长期劳动力，以创造一个由没有福
> 利或工作保障的兼职人员和自由职业劳动者构
> 成的流动就业池）的公司。

　　最终，正是嘻哈对第一种真——"不妥协"——的表演，使它能够轻易地被第二种真，也就是晚期资本主义经济不稳定的现实，吸收。事实证明，在后者那里，这样的本真性特别有市场。匪帮说唱（Gangster rap）既不像它的许多支持者声称的那样，只是反映了先前存在的社会状况；也不像它的批评者主张的那样，是直接引发那些状况的原因——相反，嘻哈和晚期资本主义的社会场域相互作用的回路，是资本主义现实主义惯用的手段之一。资本主义现实主义正是借此将自己变成一种反神话的神话。嘻哈与像《疤面煞星》《教父》《落水狗》《好家伙》《低俗小说》那样的黑帮电影之间的亲和性，源于它们共同的主张。它们都声称自己剥去感伤幻想，看清了世界的"真相"：一场霍布斯式的一切人对一切人的战争，一个充斥着永恒剥削和普遍罪恶的系统。雷诺兹写道，在嘻哈中，"现实点"（get real）就是要直面此种自然状态：在这个狗咬狗的世界里，你要么是赢家要么是输家，且大多数人是输家。

　　在弗兰克·米勒的漫画和詹姆斯·艾尔罗伊的

小说中，也可以发现同样的新黑色世界观。在米勒和艾尔罗伊的作品中，有一种去神话化的男子气概。他们假扮无畏的观察者，拒绝美化世界，这样他们才能把世界塞进超级英雄漫画和传统犯罪小说里的简单的伦理道德二元论中。他们对骇人听闻的贪赃枉法的执着，在某种程度上，与其说削弱了，不如说强调了这里的"现实主义"——哪怕这两位作者对残忍、背叛和野蛮的夸张强调很快成了哑剧。迈克·戴维斯1992年谈到艾尔罗伊时，写道："在他的漆黑中，没有光可以投下影子，邪恶成了法庭上的陈词滥调。其结果，在感觉上，和里根-布什时代实际的道德质地很像：腐败过度饱和，人们不再为之愤怒，甚至对之失去兴趣。"然而这种脱敏本身，就是资本主义现实主义的一个功能：戴维斯假设，"黑色洛杉矶的作用"可能就是"认可里根人的出现"。

如果你举行一场抗议活动，
所有人都来了该怎么办？

在匪帮说唱和艾尔罗伊那里，资本主义现实主义以一种对无情掠夺的资本的超级认同的形式出现，但情况并非如此。事实上，资本主义现实主义并没有预先排除某种反资本主义。毕竟，就像齐泽克挑衅地指出的那样，反资本主义在资本主义中广泛流传。一次又一次地，好莱坞电影中的反派被证实是"邪恶的公司"。与削弱资本主义现实主义相反，实际上，这个姿态上的反资本主义反而强化了它。以迪士尼/皮克斯的电影《机器人总动员》为例。电影展示了一个被掠夺一空以至于不再适宜人类居住的地球。毫无疑问，消费资本主义和公司——或更确切地说，一家特大公司，BNL（Buy N Large）——要为此掠夺负责；而在终于看到在地外流亡的人类时，我们发现，他们如婴儿般痴肥，通过屏幕界面互动，坐在大型电动椅上，从杯子里喝着不知道是什么的污水。在这里，我们遇

到了一种和让·鲍德里亚理解的类似的控制与交流
观：征服不再以让人从属某个外部景观的形式出
现，相反，它邀请我们互动参与。看起来，电影观
众本身就是这个讽刺的对象，这也使得一些右翼评
论者做出厌恶的反应，谴责迪士尼/皮克斯攻击自
己的受众。但这种反讽与其说挑战了，不如说滋养
了资本主义现实主义。像《机器人总动员》那样的
电影是罗伯特·法勒（Robert Pfaller）所说的"交
互被动性"（interpassivity）的一个例子：电影为我
们表演了我们的反资本主义，使我们能够继续泰然
自若地消费。资本主义意识形态的作用不是以宣传
的方式明确地为某个东西正名，而是隐藏这一事
实，即资本的运作不依赖任何主观的信念。不搞宣
传的法西斯主义是不可想象的——但资本主义不需
要有人来为它正名就可以完美地运行，在某些方面
还会运行得更好。在这里，齐泽克的忠告依然很有
价值。"如果我们依然秉持经典的意识形态概念，
认为假象位于知识之中的话"，他说：

> 那么看起来，今天的社会必然是后意识形
> 态的了：主流的意识形态是犬儒主义，人们不

再相信意识形态真理，他们不把意识形态命题当回事。然而，在基本的层面上，意识形态不是一种掩饰真实事态的假象，而是一种构成我们的社会现实本身的（无意识的）幻想。在这个层面上，我们当然离后意识形态社会还很远。犬儒地保持距离只是一种方式……是使我们对意识形态幻想的结构性力量视而不见的方式，它令我们一叶障目：即便我们不把它们当回事，即便我们保持反讽的距离，我们还是在做那些事情。

齐泽克坚持，总的来说，资本主义的意识形态就在于，过度重视内在主观态度上的信念，而忽视了我们在行为中展示和外化的信念。只要我们（在心里）相信资本主义不好，我们就可以自由地继续参与资本主义的交换了。根据齐泽克的说法，资本主义通常仰赖的，就是这个否认的结构。我们相信金钱只是一种没有任何内在价值的、无意义的价值符号，但我们在行动上表现得它好像有神圣的价值。而且，这种行为恰恰取决于先前的否认——我们之所以能够在自己的行动中把金钱拜为神物，是因为我们已经在头脑里对金钱保持了一个反讽的距离。

如果公司的反资本主义和真正的反资本主义运动有区别，那它也就不重要了。然而，看起来，甚至在其势头被"9·11"对世贸中心的袭击阻滞之前，所谓的反资本主义运动就已经对资本主义现实主义做出了太多的让步。由于它不能提出一个自洽的政治经济模型来替代资本主义，于是人们也就有了这样的怀疑，认为它的实际目标不是取代资本主义，而是缓解后者最严重的过度；又因为它的活动形式往往不是成立政治组织，而是举行抗议活动，故而也就给人这样一种感觉，让人觉得反资本主义运动就是提出一系列歇斯底里的要求，而它也不指望这些要求能够得到满足。对资本主义现实主义来说，抗议形成了一种狂欢节式的背景噪音。反资本主义抗议和现场八方（Live 8）[1] 那样的超级公司

---

[1] 20 世纪 80 年代，埃塞俄比亚天灾人祸，爆发了有史以来最严重的人道主义灾难。无数人挣扎在死亡边缘。1985 年 7 月 13 日，由英国歌手吉尔道夫发起，世界上最知名的一百多位摇滚明星和乐队成员聚在一起，为拯救濒于死亡的非洲灾民，在伦敦温布利体育场和费城约翰·肯尼迪体育场分别举行了盛大的义演活动——Live 8。这场演出，被称为"地球上最伟大的一场演出""20 世纪最后的神迹"。——编者注

活动极为相似，后者离谱地要求政客立法消除贫困。

现场八方是一场奇怪的抗议；一场所有人都会同意的抗议：谁会真的想要贫困呢？这倒不是说，现场八方是一种"退化"形式的抗议。相反，在这场活动中，抗议的逻辑以其最纯粹的形式展露无遗。20 世纪 60 年代的抗议冲动假定了一个恶毒的父亲，他预示着一个（据说）残忍专横地剥夺了整体享受之"权利"的现实原则。这位父亲能动用无限资源，他却自私——且愚蠢——地把资源都囤积起来。资本主义并不需要这位父亲的形象，但抗议本身需要；而当前全球精英的一个成功之处就在于，他们避免被当作那个囤积资源的父亲，哪怕他们给年轻人强加的"现实"在实质上比后者在 20 世纪 60 年代抗议的状况更苛刻。当然了，组织现场八方活动的，也的确是以理查德·柯蒂斯和波诺等艺人的形象现身的全球精英。

夺回真正的政治能动性意味着，首先要接受在欲望的层面上，我们已经嵌入了资本这台无情的绞肉机。通过把恶和无知贱斥（abjection）到幻想的他者头上，被否认的，是我们在全球压迫网络中的共谋。需要同时牢记以下两点，资本主义是一个超级抽象的非个人结构，以及没有我们的合作，它就什么也不是。对资本最哥特式的描述也是最准确的。资本是抽象的寄生虫，是贪得无厌的吸血鬼和丧尸制造者；我们鲜活的肉体被它转化为死的劳动力，我们是它制造的丧尸。从某种意义上来说，政治精英确实是我们的仆人；他们向我们提供的可悲服务是清洗我们的性欲，讨好地为我们再现我们的被否认的欲望，就好像它们与我们无关一样。

自 1985 年最初的拯救生命（Live Aid）音乐会起，这种意识形态勒索就已经出现了。它坚持，无须任何政治方案或系统重组，"有爱心的个体"就可以直接结束饥荒。我们被告知，必须立即采取行动；必须以道义的紧迫性的名义悬置政治。波诺的红色产品计划（Product Red）[1] 甚至想要摆脱慈

---

[1] 一个注册的公益项目品牌。由著名乐队 U2 主唱波诺和关怀非洲的慈善团体 DATA 主席鲍比·施莱弗于 2006 年共同发起成立，以"无艾滋病一代"为目标。它不仅仅是简单的品牌推广，也不为任何一个企业所有，参与红色产品计划的企业只能根据授权，进行贴牌生产并销售红色产品。产品利润的一部分将捐给旨在帮助非洲防治艾滋病的全球基金。——编者注

善中介。波诺宣称："慈善像是嬉皮士音乐，手牵手。红这个品牌更像是朋克摇滚、嘻哈，这应该给人硬商业的感觉。"要点不在于提出一个资本主义的替代选择——相反，红色产品计划的"朋克摇滚"或"嘻哈"属性就在于它"务实地"接受资本主义是唯一的选择。不，目标只是确保特定交易的一些收益用于好的事业。人们幻想着，西方的消费主义与系统性的全球平等没有本质关联，它本身就能解决那些不平等。我们要做的是，买对的产品。

资本主义与真实[1]

Ⅲ

"资本主义现实主义"并非原创。早在 20 世纪
60 年代，一群德国波普艺术家就用过这个术语，
迈克尔·舒德森（Michael Schudson）也在他 1984
年的书《广告，令人不安的说服》（*Advertising,
The Uneasy Persuasion*）中使用了这个词。他们都
以戏仿的方式提到社会主义现实主义。我在使用这
个术语时，新颖之处在于我赋予它的更加广泛——
甚至是过于广泛——的意义。我所理解的资本主义
现实主义不可能局限于艺术或广告等类似于宣传的
运作方式。它更像是一种无处不在的氛围，不只影
响了文化的生产，也影响了对工作和教育的管制，
并且起到了某种约束思想与行动的不可见的屏障的
作用。

如果资本主义现实主义运行得如此天衣无缝，
如果当前的抵抗形式如此地无望、无能，那么，有
效的挑战还能来自何处？强调资本主义如何滋生苦

难的道德批判只会强化资本主义现实主义。贫困、饥荒和战争会被呈现为现实里不可避免的一部分，而消除这些苦难的希望，也很容易被描绘为幼稚的乌托邦主义。只有当它被证明在某种程度上自相矛盾或站不住脚的时候——也就是说，只有当资本主义表面上的"现实主义"被证明根本就不是那回事的时候——资本主义现实主义才会受到威胁。

不必说，什么才算是"切合实际的"（realistic），在社会场域中的任何一个点上，什么看起来是可能的，是由一系列的政治决定来定义的。一个意识形态立场只有自然化了才算真正取得成功，而只要这个意识形态立场还被认为是一种价值而非一个事实，它就不可能自然化。相应地，新自由主义也一直致力于在伦理道德的意义上消除价值这个范畴。在过去 30 年里，资本主义现实主义成功地建立了一种"生意本体论"。在这种本体论的框架内，这点是不言自明的：社会中的一切，包括医疗保健和教育，都应该当作生意来做。就像从布莱希特到福柯、巴迪欧的一切激进理论家所坚持的那样，解放的政治必须始终破坏"自然秩序"的表象，必须揭露被呈现为必然和不可避免的事物只是偶然存在，就像它必须使先前被认为不可能的事看起来可以做成那样。值得回味的是，当前被称为切合实际的事本身就曾是"不可能的"：短短 10 年前，自 20 世纪 80 年代以来发生的一系列私有化进程还不可想象；1975 年，也几乎没有人能想象当前的政治经济面貌（工会被搁置，公用事业和铁路去国有化）。反过来说，曾经看起来非常现实的事如今也会被认为不切实际。巴迪欧痛心疾首地评论道："现代化是'可能之事'的一种严格而毫无独创性的命名。这些'改革'总是旨在使过去可行的事情（对大多数人来说）变得不可行，使过去无利可图的事情（对占主导地位的寡头来说）变得有利可图。"

在这点上，也许，引入齐泽克在当代大力推广的、来自拉康精神分析的一个基本理论区分——真实（the Real）与现实（reality）之分——是值得的。就像阿伦卡·祖潘契奇（Alenka Zupancic）解释的那样，精神分析对现实原则的设定邀请我们怀疑一切把自己呈现为自然的现实。"现实原则"，祖潘契奇写道：

并非某种与事物之实然相关的自然的存在方式……现实原则本身是以意识形态为中介的；我们甚至可以说，它构成了意识形态的最高形式，即把自己呈现为经验事实或各种必然性（生物的、经济的，等等）的（我们倾向于认为是非意识形态的）意识形态。关于意识形态的运作，我们最应该警惕的地方就在这里。

对拉康来说，真实是一切"现实"必然压抑的东西；的确，正是通过此压抑，现实才把自己构造为现实。真实是一个不可再现的 X，是一个只能在表象现实场域的断裂与矛盾中窥见的创伤性的空洞。所以，反资本主义现实主义的一个策略，可能就是激活资本主义向我们呈现的现实之下的（各种）真实。

环境灾难就是这样一种真实。当然，在某个层面上，对资本主义文化来说，环保问题似乎远远说不上是"不可再现的空洞"。环境变化和资源枯竭的威胁与其说被压抑，不如说被纳入了广告和营销。对环境灾难的这种处理，说明了资本主义所依赖的幻想结构，即这样一个预设：资源是无限的，地球本身只是资本可以在某个时候像蜕皮一样抛弃的外壳，一切问题都可以通过市场来解决（最终，《机器人总动员》呈现了这种幻想——幻想资本的无限扩张是可能的，资本可以在没有劳动力的情况下增殖——的一个版本：在地外飞船"公理号"上，所有劳动都由机器人来执行；地球资源的竭尽只是一个临时故障，在适当的恢复期后，资本可以把这个星球重新地球化，再次对它殖民）。然而，在晚期资本主义文化中，环境灾难只作为某种拟像出现，它对资本主义来说的真实含义所带来的创伤太大，以至于被系统同化了。环保批判的意义在于它们指出了这点，即资本主义绝非唯一可行的政治经济系统，它事实上准备毁灭整个人类环境。资本主义与生态灾难之间的联系绝非巧合亦非偶然：资本"持续扩张市场的需要"，它的"增长拜物教"意味着，资本主义天生反对一切可持续性观念。

但环保问题已经是一个争夺区了，在这里，人们已经在为政治化而斗争。在下文中，我想强调资本主义现实主义的另外两个绝境，它们还没有被政治化到同样的程度。首先是精神健康。事实上，精神健康是资本主义现实主义如何运作的一个范例。资本主义现实主义坚持把精神健康当作一个像天气那样的自然事实（可话又说回来，从环保批判的角度来看，天气也不再是一个自然事实，而是一种政治经济效应）来处理。在二十世纪六七十年代，激进的理论和政治（R. D. 莱恩[1]、福柯、德勒兹和加塔利等）围绕诸如精神分裂此类极端精神状况展开合作，它们认为，比如说，疯癫不是一个自然范畴而是一个政治范畴。但如今，我们需要把常见得多的身心失调也政治化。的确，问题就在于它们常见：在英国，抑郁症是英国国家医疗服务体系（NHS)治疗得最多的状况。奥利弗·詹姆斯（Oliver James）在他的《自私的资本主义者》(*The Selfish Capitalist*) 中令人信服地指出：精神痛苦的增长率，与英、美、澳大利亚等国实践的新自由主义资本主义模式相关。与詹姆斯的主张一致，我

---

[1] R. D. 莱恩 (Ronald David Laing, 1927—1989)，苏格兰精神科医师，当代著名存在主义心理学家。他撰写了大量有关精神疾病的文章。——编者注

认为，有必要重新审视资本主义社会中日渐严重的压力（和痛苦）问题。与认为个体应该自行解决他们自己的心理痛苦相反，也就是说，与接受过去30年来的压力的普遍私人化相反，我们需要提出的问题是：为什么人们能接受这么多的人——尤其是如此多的年轻人——都生病了？资本主义社会的"精神健康瘟疫"将表明，资本主义不是唯一奏效的社会系统，它天生功能失调，并且它看似奏效却代价极其高昂。

我想强调的另一个现象是官僚制。新自由主义理论家经常痛斥自上而下的官僚制，认为它会导致命令经济下的制度僵化和低效。随着新自由主义的胜利，人们认为，官僚制已经过时，是无人惋惜的历史的遗物。但这与在晚期资本主义中工作和生活的大多数人的经验不符，对他们来说，官僚制依然是日常生活的一部分。官僚制没有消失，它只是改变了自己的形式；而这种新的、去中心化的形式使它进一步增殖。官僚制在晚期资本主义中持续存在，这件事情本身并不代表资本主义不起作用；相反，它表明，资本主义实际上的运作方式与资本主义现实主义呈现的景象截然不同。

　　我选择聚焦精神健康问题和官僚制的部分原因在于，二者在一个日渐为资本主义现实主义的命令所支配的文化领域，即教育中十分显眼。在过去10年的大部分时间里，我在一家延续教育学院（Further Education college）担任讲师，在接下来的文章中，我将广泛借鉴我在那里的经验。在英国，延续教育学院原本是学生（往往是工人阶级出身的学生）在进不了更加正式的国家教育机构的情况下可以选择去的地方。自20世纪90年代初延续教育学院脱离地方政府管控以来，它们变得既要努力适应"市场"的压力，又要尽力满足政府制定的目标。它们一直处在变革的前沿——后来，这些变革被推广到教育系统和公共服务的其他领域——可以说是试验新自由主义教育"改革"的实验室，因此，它们是分析资本主义现实主义作用的完美起点。

反身性无能与止动

Ⅳ

与二十世纪六七十年代的先辈们形成对照的是，今天，英国学生看起来脱离了政治。法国学生还会上街抗议新自由主义，英国学生——相比之下，他们的处境糟糕得无以复加——则似乎打算听天由命。但我想说，这种听天由命既不是冷漠也不是犬儒，而是反身性无能（reflexive impotence）。他们知道情况不妙，但更重要的是，他们知道自己对此无能为力。但那个"知道"，那个反身性，不是对已经存在的事态的被动观察。它是一个自我实现的预言。

反身性无能可以说是存在于英国年轻人里的一种心照不宣的世界观，它与各种广泛的病态相关。我工作时接触到的许多青少年都有精神健康问题或学习障碍。抑郁症流行。它是英国国家医疗服务体系治疗得最多的状况，其患者的年龄也越来越小。患有某种阅读障碍的学生的数量也很惊人。不夸张地说，如今，在晚期资本主义的英国，但凡是青少年，都可能患有某种病。这种病态化已经排除了一切政治化的可能。通过把这些问题私人化——把它们当作只是由个体神经系统的化学失衡和/或其家庭背景引发的疾病来治疗——一切关于社会系统因果关系的问题都被排除了。

我遇到的许多青少年学生看起来处于一种我所谓的"抑郁的快乐"（depressive hedonia）状态。抑郁通常被归为一种快乐缺失状态，但我所说的状况，与其说是在获得快乐上的无能，不如说更多地是在做追求快乐之外的一切事情上的无能。处于这种状况的人会觉得"缺了什么"——但不理解这个神秘、缺失的乐子只能在快乐原则之外获得。在很大程度上，这是学生的结构位置不明确造成的后果，他们搁浅在作为"规训制度的主体"的旧角色和作为"服务的消费者"的新身份之间。德勒兹在其至关重要的文章《关于控制社会的后记》中区分了福柯描述的规训社会和新的控制社会。规训社会是围绕工厂、学校和监狱的封闭空间组织起来的，而在控制社会中，所有制度都内嵌于一个分散的公司。

　　德勒兹正确地指出卡夫卡是控制社会独有的权力的先知，这种权力是分散的、控制论式的。在《审判》中，卡夫卡区分了被告可获得的两类无罪开释。彻底宣判无罪如果在过去尚可能（"我们只有在关于古代案件的传奇描述中找到无罪释放的例子。"），如今也不再可能了。因此，剩下的两个选项是：1."诡称宣判无罪"，在这种情况下，被告在所有的意图和目的上都被宣判无罪，但可能会在以后的某个时刻面临全部指控；2."无限期延缓"，在这种情况下，被告参与（他们希望是无限）延长的法律争辩过程，这样，可怕的最终判决就不太可能到来。德勒兹说，卡夫卡描述的、福柯和巴勒斯也描述过的控制社会正是通过无限期延缓来运作：教育是一种终身学习……你只要还在工作就得继续接受的培训……你带回家的工作……在家工作，以工作为家。这种"无限"模式的权力带来的后果，是内部的管辖接替了外部的监控。只有在你与之共谋的情况下，控制才起作用。因此也就有了巴勒斯笔下的"控制成瘾者"的形象：沉迷于控制，同时不可避免地被控制接管、附身的人。

走进我任教的学院的几乎任何一间课堂，你马上就会意识到，你处在一个后规训框架之中。福柯花了很大力气来列举权力通过强迫人们摆出严格的身体姿势来建立规训的方式。但在我们学院的课堂上，你会发现学生趴在桌子上，几乎一刻也不停地说话，不断地吃零食（有时甚至还会吃正餐）。以往对时间的规训性切分正在失效。控制的技术及其永恒消费、持续发展的系统侵蚀了监狱式的规训制度。

学院的资金来源系统意味着，它确实不能开除学生，就算它想。学院能拿到多少资源取决于它在多大程度上达到成绩（考试结果）、出勤率和学生留存率方面的指标。这种市场规则和官僚系统定义的"目标"的结合，是如今管制公共服务的"市场斯大林主义"方案的典型特征。有效规训系统的缺乏，没有得到最起码的补偿——学生的自觉性并没有提高。学生意识到，就算他们连续缺席好几个星期，并且/或者不完成任何功课，他们也不会面临任何实质性的处罚。面对这样的自由，他们通常不会有别的追求，而只会陷入快乐（或缺乏快乐）的倦怠：迷迷糊糊，在电子游戏、通宵达旦的电视和大麻带来的舒适中忘记忧愁。

要求学生阅读一两句话以上的内容，很多人——我要提醒你，这些可都是达到中等教育高级水平（A-level）的学生——就会抗议说他们做不到。教师最经常听到的抱怨是太无聊了。这里，被认为"无聊"的，与其说是书面材料的内容，不如说是阅读活动本身。这里，我们面对的不只是由来已久的懒散，更是后读写时代"太过迷醉以至于无法集中注意力"的"新肉体"和正在衰亡的规训系统的限制、集中注意力的逻辑之间的不匹配。无聊仅仅意味着脱离了短信、YouTube 和快餐的交际感官刺激矩阵；被短暂地剥夺了源源不断的、对需求的甜蜜满足。一些学生想要理解尼采，就像想吃汉堡一样；他们不能理解——而消费者系统又鼓励了这种误解——的是，难啃的、晦涩的正是尼采。

举个例子：我曾质问一名学生为什么总在课堂上戴耳机。他回答说有什么关系呢，反正他又没有播放音乐。在另一节课上，他没戴耳机，但耳机里

小声地播放着音乐。在我让他关掉的时候，他回答
说为什么要关呢，他甚至都听不到。为什么戴着耳
机又不播放音乐，不戴耳机又要播放音乐呢？因为
耳机在耳边或知道音乐在播放（就算听不到）确保
了矩阵还在那里，触手可及。而且，作为交互被动
性的一个典型案例，只要音乐还在放，就算他听不
到，播放器也能继续代表他享受音乐。在这里，戴
耳机很重要。流行音乐带给人的体验，不是作为某
种能够影响公共空间的东西，而是一种向私人的
"俄狄播斯"（OedIpod，恋播放器）的消费者极乐
的退却，一种对"社会"的筑墙抵御。

　　被吸进娱乐矩阵的后果，是焦躁不安的交互被
动性，一种在集中注意力或者说专注上的无能。学
生不能把当前的缺乏专注和未来的失败关联起来，
不能把时间综合为任何连贯的叙事——这个症状反
映的不只是消极怠工。事实上，它怪异地让人想起
詹姆逊在《后现代主义与消费社会》中的分析。詹
姆逊说拉康的精神分裂理论为理解在新兴娱乐产业
复合体面前主体性的支离破碎提供了一个"可作参
考的美学模型"。詹姆逊总结说："随着意指链的瓦

解，拉康式的精神分裂被化约为一种对纯粹物质能指——或者换句话说，一系列纯粹而无关联的时间中的当下——的体验。"詹姆逊在 20 世纪 80 年代写下这些话，我的大多数学生就出生在那个时代。如今，我们在课堂上面对的，是在非历史、反记忆的瞬变文化（blip culture）中长大的一代，对他们来说，时间永远是已经切好的数字切片。

如果说被规训的形象是工人-犯人，那么被控制的形象就是负债者-上瘾者。赛博资本通过使用户上瘾来运作。在《神经漫游者》中，威廉·吉布森让凯斯和其他赛博牛仔在脱离矩阵时产生皮肤下有虫子蠕动的恍惚感。（显然，凯斯嗑药的习惯就是对一种更加抽象的瘾的替代。）如果说像注意力缺陷多动障碍那样的状况是一种病态的话，那么它也是晚期资本主义的病态：是被连接进超媒体消费者文化的娱乐-控制回路中的后果。类似地，在许多场合下，所谓的阅读障碍实际上是一种后-阅读（post-lexia）。青少年无须阅读就可以非常有效地处理资本的图像密集数据——要浏览网络-手机-杂志的信息平台，会看标语就够了。德勒兹和加塔利在

《反俄狄浦斯》中论证说："写作从来不是资本主义
的东西。电子语言不需要语音或文字；数据处理也
不靠说或写。"这也就是为什么许多成功的生意人
有阅读障碍。(但他们后阅读的效能是他们成功的
原因，还是后果？)

　　如今，教师承担着难以忍受的压力，他们要在
晚期资本主义消费者的后读写主体性和规训制度的
要求(诸如通过考试等要求)之间斡旋。在这个层
面上，教育绝非高居安然隔绝于"真实世界"的象
牙塔，相反，它是直面资本主义社会场域的各种矛
盾，再生产社会现实的引擎室。教师被困于诱导
者-招待者(facilitator-entertainers)和规训者-权
威(disciplinarian-authoritarians)这两个身份之间。
教师想帮学生通过考试；他们则想把我们当作权威
人物，让我们告诉他们该做什么。被学生当作权威
人物来召唤的教师加剧了"无聊"，因为权威位置
发布的一切都先验地无聊。讽刺的是，在规训结构
于制度中瓦解之时，人们比以往更严格要求教育者
来扮演规训者的角色。随着家庭被要求父母双方都
出去工作的资本主义压垮，如今，教师越来越需要

扮演代理家长的角色，向学生灌输最基本的行为规范，并给某些情况下只在最低限度上社会化的青少年提供教育和情感支持。

值得强调的是，对我教的每一个学生来说，并没有任何法律逼他们来上学。他们想走就可以走。但是，因为没有任何有意义的工作机会，再加上英国政府见利忘义的鼓励，学院看起来是更容易也更安全的选项。德勒兹说控制社会基于债而非封闭；但在某种意义上，当前的教育系统既让学生负债又把学生关了起来。这个逻辑坚决要求你为针对你自己的剥削付钱——负债读书，然后你就能找到你16岁时辍学就能找到的低薪又无前途的工作……

詹姆逊说："时间性的崩溃，突然把时间的'当下'从一切可以使它聚焦、把它变成实践空间的活动和意向中释放出来。"但怀念旧的实践运作的语境是无用的。这就是为什么法国学生最终并不构成一个能够取代英国式反身性无能的选择。新自由主义的《经济学人》会嘲笑法国反对资本主义，这并不出奇，但它对法国的"止动"（immobilization）的挖苦确有道理。"诚然，最近抗议的学生看起来认为他们是在重演其父辈对夏尔·戴高乐发起的 1968 年 5 月事件",在 2006 年 3 月 30 日的封面文章中,《经济学人》写道:

> 他们借用了它的口号("鹅卵石下是海滩!")并劫持了它的符号(索邦大学)。在这个层面上,这次反抗看起来是 [2005 年] 促使政府宣布进入紧急状态的郊区骚乱的自然延续。当时是没有工作的底层少数族群反抗排除他们的系统。然而,最近的抗议运动的显著特点却是,这一次,反抗的势力站在保守主义那边。和郊区的骚乱青年不一样,学生和公共部门工会的目标是阻止变革,让法国保持原样。

令人震惊的是,许多止动者的实践,在某种程度上正好与另一个以"68"继承人自居的群体相反。这个群体由像乔治·索罗斯和比尔·盖茨那样的人构成,他们把贪婪的逐利和充满生态关怀、社会责任的花言巧语结合到一起。除关心社会,他们还相信，应该按照"聪明"（being smart）概念，把工作实践（后）现代化。就像齐泽克解释的那样：

> 聪明意味着动态和游牧，反对集中化的官僚制；相信对话和合作，反对权威；相信灵活性，反对例程；相信文化和知识，反对工业生产；相信自发的互动和自生，反对固定的等级结构。

综上所述，止动者及其含蓄的让步（资本主义只能抵抗，没法克服）和比尔·盖茨一派（他们坚持必须用慈善来弥补资本主义不道德的过度）说明了资本主义现实主义是怎样限制当前的政治可能性的。止动者保持了"68"风格的抗议形式却以抵抗变革的名义，而比尔·盖茨一派则积极拥抱"新"。齐泽克正确地指出，比尔·盖茨一派并非对官方资本主义意识形态之进展的纠正，相反，它构成了如今资本主义的主流意识形态。"灵活性""游牧主义"和"自发性"正是后福特主义控制社会中管理

的特征。但问题在于，一切对灵活性和去中心化的
反对，都有自我挫败的风险，因为要求非灵活性和
集中化的呼声，至少可以说，不是那么地振奋
人心。

　　无论如何，左翼没法也不应该团结起来抵抗
"新"。资本在怎样分化劳动力上花了很大心思；而
我们到现在都还没有充分思考如何应对以下问题：
在后福特主义状况下，可以用什么战略来对抗资
本；可以引入什么新语言来应对那些状况等。就资
本主义对"新"的挪用提出异议很重要，但我们不
可能通过适应我们所处的状况来夺回"新"。就适
应而言，我们已经做得太好了；"成功适应"正是
管理主义善用的经典策略。

　　巴迪欧和大卫·哈维都喜欢持续地把新自由主
义和"复辟"这个术语联想到一起。这个联想很重
要，它有利于纠正资本和"新"之间的联想。对哈
维和巴迪欧来说，新自由主义政治与"新"无关，
与阶级权力和特权的回归有关。巴迪欧说："在法
国，'复辟'指1815年在大革命和流放拿破仑之后
国王归来的那个时期。我们就处在这样的时期。今

天，我们把自由主义资本主义，以及其政治系统——议会制——看作唯一自然的、可接受的方案。"哈维认为，最好把新自由主义设想为一个"为资本的积累重新构建条件、恢复经济精英的权力的政治计划"。哈维揭示了，在通常被描述为"后政治"的年代，阶级战争还在进行，但发动进攻的只有一方：富人。"在 20 世纪 70 年代后期，新自由主义政策贯彻之后"，哈维说：

> 收入最高的 1％的人在国民收入中所占的份额剧增，到 20 世纪末⋯⋯达到 15％。在美国，收入最高的 0.1％的人的国民收入占比从 1978 年的 2％，跃升至 1999 年的 6％以上，同时工人薪酬中位数与 CEO 薪水之比从 1970 年的不到 1∶30 上升到 2000 年的 1∶500⋯⋯在这方面，美国并非孤例：英国收入最高的 1％的人的国民收入占比自 1982 年以来也翻了一番，从 6.5％涨到了 13％。

就像哈维所说的那样，新自由主义者以智库为

智识先锋队，通过智库创造出让资本主义现实主义
大行其道的意识形态气候。

止动模型——它相当于是在要求社会保留福特
主义/规训机制——在英国或其他新自由主义已经
站稳脚跟的国家行不通。在英国，福特主义的崩溃
已成定局，随之一同崩溃的还有旧政治的组织中
心。在那篇关于政治的论文的结尾，德勒兹思索了
反控制的政治可能采取的新形式：

> 最重要的问题之一，将涉及工会的无能：
> 它们习惯了反规训的或者封闭空间内的斗争，
> 囿于这整个斗争史，能否自我调整以适应新的
> 状况？还是说，它们将让位于抵抗控制社会之
> 新形式？我们能否把握，能够对营销的快乐构
> 成威胁的未来抵抗形式的轮廓？许多年轻人奇
> 怪地吹嘘自己"有进取心"，他们重新要求学
> 徒制和没完没了的培训。就像他们的长辈发现
> 规训的目的——这个过程并不容易，他们也得
> 靠自己去发现他们正在被诱导着为什么目的
> 服务。

　　必须找出一条跳出积极进取与消极怠工之二元对立的出路，这样，对控制程序的不认同，才可能表现为颓丧的冷漠之外的别的什么。一种策略是改变政治地形——摆脱工会传统上对工资的关注，转而聚焦于后福特主义特有的不满的各种形式。在进一步分析这点之前，我们必须更加深入地思考后福特主义实际上是什么。

1979 年 10 月 6 日

"不要迷恋任何东西"

迈克尔·曼 1995 年的电影《盗火线》中的犯罪头目尼尔·麦考利说："曾经有个家伙告诉我，不要迷恋任何此类东西——你感觉火就要烧起来了，为了它却还不愿意在 30 秒内离开屋子。"要把握福特主义和后福特主义之间的差别，最简单的方法之一，就是拿 1971—1990 年间弗朗西斯·福特·科波拉和马丁·斯科塞斯拍的黑帮电影，来和曼的电影比较。在《盗火线》中，在充斥着抛光铬合金和可替换的设计师厨房、毫无特色的高速公路和深夜食客的洛杉矶，得胜的不是和故国有联系的家族，而是无根的帮派。《教父》和《好家伙》依靠的地方色彩、美食芬芳和文化习语都被粉刷、整改一番。《盗火线》里的洛杉矶是一个没有地标的世界，是一个有名字的杂乱、无序拓展的地带。在这里，可标记的领土，被不断重复的特许经营权的图景取代了。在斯科塞斯和科波拉的街道上徘徊的老欧洲的幽灵被驱散了，与古老的纷争、宿怨和熊熊燃烧的世仇一起被埋到跨国咖啡店下的某个地下角落。从"尼尔·麦考利"这个名字就可以了解到很多关于《盗火线》世界的东西。这是一个没有任何个性特征的名字，是一个假护照名字，一个缺乏历史的名字——哪怕它讽刺性地与英国历史学家麦考利勋爵的姓氏相同。和"柯里昂"比比看，记住，教父的名字源于一个村子。麦考利也许是德尼罗演过的最接近演员本人个性的人物：一块屏幕，一个密码，没有深度，专业得冰冷，剥去了一切，只剩下纯粹的准备、研究、方法（"我做我最擅长的事"）。麦考利不是黑手党老大，不是某个巴洛克式的等级制度顶端的头目。管理这个等级制度的，是像天主教会的教规般庄严神秘、用千百次仇杀的血写就的准则。他的团伙是专业人士，是亲力亲为的企业家-投机者，是犯罪技工；他们的信条正好是"我们的事业"的家族忠诚的反面。在这些条件下，是没法维持家族关系的，就像麦考利跟帕西诺扮演的角色——努力的侦探文森特·汉纳——说的那样："如果你要盯着我，我动你也得动，那你怎么能指望维持婚姻呢?"汉纳是麦考利的影子,被迫承担了他的非实体性(insubstantiality)、他持续的流动性。和一切利益相关群体一样,麦考利的团伙是靠关于未来收益的前景来维系的;其他一切联系都是额外的,几乎肯定是危险的。他们的安排都是临时的、务实的和横向的。他们知道自己是可替换的机器零件,知道没有保障,知道没有什么会长久。与之相比,好家伙看起来就像是定居的性情中人,他们扎根于垂死的共同体与注定要毁灭的领土。

理查德·桑内特在《没有面目的人:新资本主义之下工作的个人后果》(*The Corrosion of Character: The Personal Consequences of Work in the New Capitalism*)中考察的,就是麦考利信奉的那套东西。这本书是研究后福特主义对工作的重新组织带来的情感变化的里程碑式作品。用一句话来总结新的状况就是"没有长期了"。以前的工人可以学习一套技能,然后预期通过严格的组织等级制度向上发展。如今,他们得周期性地,在跳槽、切换角色之际重新学习新的技能。在如此情况下——工作的组织去中心化、横向的网络取代了金字塔式的

等级制度，人们开始重视"灵活性"。桑内特的论
述，响应了《盗火线》中麦考利对汉纳的挖苦
（"你怎么能指望维持婚姻呢？"）。他强调了这些持
续不稳定的状况给家庭生活造成的不堪忍受的压
力。在新资本主义中被认为过时的，正是家庭生活
所仰赖的价值——有责任心，值得信赖，坚定不
移。然而，在一个不稳定是常态的世界中，在公共
领域被攻击、"保姆国家"过去提供的安全网被拆
除的情况下，家庭又变成一个日益重要的缓解压力
的喘息之地。在后福特主义资本主义中，恰如传统
马克思主义预期的那样，家庭的处境是矛盾的：资
本主义在削弱家庭的同时（剥夺父母陪伴子女的时
间，通过使夫妇成为对方情感慰藉的唯一来源给他
们造成不堪忍受的压力），也需要家庭（它是再生
产和照顾劳动力的必要手段，也是治疗无政府社会
经济状况造成的心灵创伤的药）。

　　根据马克思主义经济学家克里斯蒂安·马拉奇
（Christian Marazzi）的说法，从福特主义到后福特
主义的转变有一个非常具体的日期：1979 年 10 月
6 日。在那天，美联储把利率提高了 20 个百分点，
为后来构造我们如今所处的"经济现实"的"供给

侧经济学"做好了准备。利率的提高不但遏制了通胀，也使得重新组织生产和分配方式成为可能。福特主义生产线的"严格"让位于一种新的"灵活性"。这个词将让今天的每一个工人不寒而栗。这种灵活性是用资本和劳动的去管制化来定义的；与此同时，劳动力被临时化（临时工的数目剧增），被外包了出去。

和桑内特一样，马拉奇也认识到：新的状况既要求劳动环境日益网络化，又是劳动环境日益网络化造成的结果。福特主义工厂把工作粗暴地划分为蓝领工作和白领工作，建筑的结构本身就在物理上限定了不同类型的工作。在嘈杂环境中工作，受管理者和监督者监视的工人只有在休息的时候，在上厕所的时候，在每天下班的时候，或在蓄意怠工的时候才会使用语言，因为交流会中断生产。但在后福特主义下，在生产线变成"信息流"时，人们通过交流来工作。就像诺伯特·维纳[1]教导的那样，交流与控制相辅相成。

---

[1] 诺伯特·维纳（Norbert Wiener, 1894—1964），应用数学家、控制论创始人、美国艺术与科学院院士，生前是麻省理工学院荣休教授。——译注

工作和生活变得密不可分。资本在你做梦的时候都跟着你。时间不再是线性的，它变得混乱，碎成一个个点。在生产和分配结构重组的同时，神经系统也发生了变化。作为准时制生产（just-in-time production）的组成部分，为了有效地发挥作用，你必须发展出一种应对突发事件的能力，你必须学会在彻底不稳定——或者就像那个丑陋的新词说的那样——在"朝不保夕"的状况下生活。工作时间和失业时间交替地出现。通常，你会发现自己只能干一系列的短期工作，无法为未来做计划。

马拉奇和桑内特都指出，在一定程度上，工人自己的欲望也促成了稳定工作模式的瓦解——他们不希望在同一家工厂工作 40 年，这是相当正确的。工人渴望从福特主义的无聊中得到解放，而资本对此欲望的动员和代谢将左翼打了个措手不及。从许多方面来看，左翼一直没有从中恢复过来。尤其是在英国，传统的工人阶级代表——工会和劳工领袖——发现福特主义太合他们的心意了；其对抗之稳定性保障了他们的地位。但这也意味着，后福特主义资本的鼓吹者很容易把自己呈现为现状的反对者，使人们相信自己是在勇敢地抵抗那个惯性很大的劳工组织，后者"毫无意义地"把精力用在徒劳的意识形态上，这样的对抗只对工会领袖和政客来说有好处，却无益于推进他们声称代表的阶级的希望。如今，对抗不再发生在外部，不再是阶级阵营之间的搏斗，相反，它发生在内部，是工人的心理斗争。作为工人，他对老式的阶级冲突感兴趣；但作为有退休金的人，他也对提高自己的投资收益感兴趣。再也没有一个可辨认的外部敌人了。马拉奇认为，结果，后福特主义的工人和在《旧约》中出"为奴之家"后的犹太人一样：从一种他们不愿恢复的束缚中解放出来了，但同时也被抛弃了，搁浅在沙漠中，对未来的道路感到困惑。

在个体心中肆虐的心理冲突不可能不造成伤亡。马拉奇正在研究双向情感障碍症的增加与后福特主义之间的关联，以及如果说，就像德勒兹和加塔利论证的那样，精神分裂是标记资本主义外部边界的状况的话，那么，双向情感障碍是不是专属于资本主义"内部"的精神疾病。伴随着永无休止的繁荣和萧条周期，资本主义本身从根本上就是双向的，它周期性地在亢奋的狂热（"泡沫思维"的非理性繁荣）和萧条的败落〔"经济萧条/抑郁"（economic depression）这个术语的提出当然不是偶然〕之间波动。资本主义既以人的情绪为食，同时又在再生产这些情绪。其程度，放到其他任何社会系统中都是史无前例的。没有（人的）谵妄和自恃，资本就无法运作。

看起来，随着后福特主义的到来，自 1750 年左右，也就是说，自工业资本主义开始起就已悄无声息地流行起来的精神疾病和情感障碍的"隐形瘟疫"又达到了一个新的高度。奥利弗·詹姆斯的书在这里很重要。在《自私的资本主义者》中，詹姆斯指出过去 25 年来"精神痛苦"率的显著上升。"按大多数标准"，詹姆斯报告说：

> 在 1946 年出生（1982 年 36 岁）的人和 1970 年出生（2000 年 30 岁）的人这两代人间，痛苦率几乎翻了一番。比如说，在 1982 年满 32 岁的女性中，有 16％的人称自己有"神经问题，感到低落、抑郁或悲伤"，而在

2000 年满 30 岁的女性中，有 29％的人有这种
情况（就男性而言，1982 年有 8％，2000 年
有 13％）。

詹姆斯引用的另一项英国研究分别在 1977 年
和 1985 年对人群进行抽样，比较了精神疾病的发
病率（包括神经质症状、恐惧症和抑郁症）。"1977
年的样本中有 22％的人说自己有精神病病状，
1986 年，这个数字上升到近乎人口的三分之一
（31％）。"由于这些占比在贯彻詹姆斯所谓的"自
私"资本主义的国家要比在其他资本主义国家高
很多，故而詹姆斯假设，问题出在自私的（也就
是说，新自由主义化的）资本主义政策和文化上。
具体而言，詹姆斯指出自私的资本主义是怎样
鼓动

　　各种愿望并让人预期这些愿望都是可以得
　到满足的……在鼓励创业幻想的社会中，人们
　妄想人人都能成为艾伦·苏格或比尔·盖茨，
　却从来没有想过自 20 世纪 70 年代以来，这种

事情发生的实际可能性越来越小——比如说，
1958 年出生的人比 1970 年出生的人，更有可
能通过教育向上流动。对人的幸福来说，自私
资本主义最具毒性的地方在于它鼓励了这样的
想法，即富裕是满足的关键，只有富裕者是赢
家，任何人，只要愿意努力工作，无论其家
庭、族群或社会背景如何，都能登顶——如果
你不成功，那只能怪自己。

詹姆斯关于愿望、预期和幻想的推测，和我对
英国年轻人群体里存有的我所谓的"快乐的抑郁"
的观察一致。

在精神疾病发病率上升的语境中颇能说明问题
的是，新工党在它的第三届任期刚开始时曾致力于
取消人们的无劳动能力津贴，暗示许多甚至大多数
申领者是在装病逃避工作。与这个假设形成对照的
是，看起来，由此推断大多数申领无劳动能力津贴
的人——其数目远超 200 万，都是资本造成的伤者
也不无道理。比如说，有相当一部分申领者就是由
于资本主义现实主义坚持像采矿那样的产业在经济

上不再可行而在心理上受到伤害的人。（但就算从赤裸裸的经济角度来考虑，这个关于"可行性"的论证看起来也不是那么地可信。特别是当你从纳税人的角度出发，把让原先的产业工人失去劳动能力和为他们提供其他福利的成本也考虑进去的情况下。）许多人只是在后福特主义可怕的不稳定状况下屈服了而已。

当前居于统治地位的本体论否认一切关于精神疾病的社会因果关系的可能性（即认为不可能是社会因素造成了精神疾病）。精神疾病的化学-生物学化当然和它的去政治化严格相符。把精神疾病当化学-生物学问题，对资本主义来说有着莫大的好处。首先，这样能够强化资本对原子化的个体化的驱动（你生病是你大脑化学反应的结果）。其次，这样也滋生了一个利润巨大的市场，跨国医药公司可以在其中兜售它们的药物〔我们能用我们的选择性血清素再吸收抑制剂（SSRI）治好你〕。不用说，从神经学的角度来看，所有精神疾病都被当作实例来分析，但这并不能说明它们的因果关系。比如，如果说抑郁症真是由血清素过低引起的，那么，还需要解释的是，为什么特定个体的血清素过低。这就要求一个社会的和政治的解释；而如果左翼想要挑战资本主义现实主义的话，那么当务之急，就是把精神疾病重新政治化。

　　看起来，精神痛苦发生率的上升和评估工人绩效的新模式之间的对应关系并不是异想天开。现在，我们将更加细致地考察这种"新官僚制"。

一切坚固的都化作公关

官僚制的反生产

迈克·乔吉被不公正地低估了的电影《上班一条虫》(*Office Space*, 1999) 敏锐地拍摄了 20 世纪 90 年代和新千年头十年的工作场所，就像保罗·施拉德的《蓝领阶级》(*Blue Collar*, 1978) 准确地记录了 20 世纪 70 年代的劳动关系那样。与工会官员和工厂管理层之间的对抗相反，乔吉的电影展示了一种被行政的"反生产"固化的合作：工人会从不同的管理人员那里收到多个说同一件事情的内部通知。自然，内部通知和官僚制的实践有关：它旨在通过给报告加"封面"这个新程序来诱导合作。与"聪明"的风气一致，《上班一条虫》中的管理风格混合了非正式着装的不拘形式 (shirtsleeves-informality) 和稳重克制的威权主义。乔吉表明，同一种管理主义也盛行于办公室工作人员放松时光顾的公司连锁咖啡店。那里要求员工用"七枚特色徽章"（即胸章或其他个人标志）来装饰

制服以表达其"个性和创造性":这正好说明在控
制社会中,"创造性"和"自我表达"已经变成劳
动的一部分;就像保罗·维尔诺(Paolo Virno)、
雅安·莫里耶-布当(Yann Moulier-Boutang)等人
已经指出的那样,如今,这个变化对工人提出了情
感的和生产的要求。而且,粗暴地量化这些情感贡
献的尝试也告诉了我们很多关于新安排的东西。特
色徽章的例子也指向另一个现象:正式标准背后隐
藏的期待。连锁咖啡店的一个女服务员乔安娜正好
戴了七枚特色徽章,但她被告知,哪怕按正式标准
来看戴七个就够了,实际上那还不够——经理问她
是不是想看起来和那种"只干最低限度的活"的人
一样。

乔安娜抱怨道:"你猜怎么着,如果你想让我
戴 37 枚特色徽章,那你为什么不把最低标准设为
37 个呢?"

经理回答说:"好吧,我记得你说过你想表达
自己来着。"(仅仅)够已经不够了。很多工人熟悉
这种症状,他们会发现,在绩效评估中"合格"不
再合格。比如,在许多教育机构中,如果在课堂观

察后教师的得分是"合格",那么,他们就会被要求在接受培训后重新接受评估。

在自诩反官僚制的新自由主义政府的管理之下,官僚措施竟然得到了强化。这乍看像是个谜。即使在新自由主义关于结束自上而下的集中控制的花哨言论已经占据主导地位的情况下,各种新官僚制——"目的和目标""成果""任务宣言"——还在增殖。看起来,官僚制可以说是被压抑者的回归,它反讽地在声称要摧毁它的系统的核心处重新出现。但在新自由主义之下,官僚制的重新抬头不只是一种返祖或反常现象。

就像我已经提到的那样,走"聪明"路线和行政、管制的增加之间,并无矛盾:它们是控制社会中劳动的两面。理查德·桑内特认为,拉平金字塔式的等级结构实际上使工人受到了更多的监控。桑内特写道:"支持新工作安排的一种说法是它使权力去中心化了,也就是说,给组织底层的人带来对自己从事的活动的更多控制权。从用来拆散旧官僚巨兽的技术来看,这种说法当然是错误的。新的信息系统给高层管理人员提供了一幅组织的全景图,使网络中的个体，无论处在哪个位置，都几乎没有躲藏空间。"但使管理人员能够更好地利用数据的，还不只是信息技术；数据本身的激增也提供了很大的帮助。这些"信息"大多是工人自己提供的。马西莫·德·安杰利斯（Massimo De Angelis）和大卫·哈维描述过在英国的大学，讲师为本科学位设置单元（module）时必须遵守的官僚标准。"对每个单元来说"，德·安杰利斯和哈维写道：

> "单元负责人"（module leader，即讲师）必须完成多项文书工作，尤其是（单元开始时的）"单元规范"，其中要列出单元的"目标和目的"、预期教学成果、"评估方式和方法"等信息；（单元结束时的）"单元评述"，在这里，单元负责人要报告自己对本单元优缺点的评估，以及下一年的改进建议；对学生反馈的总结；以及学生的平均得分和成绩分布。

但这还只是开了个头。对作为一个整体的学位项目来说，大学教师还必须准备"项目规范"，写按"升学率"、"退学率"、不同分数段的人数分布来记录学生表现的"项目年度报告"。所有学生的分数都要按一个"矩阵"来评。外部机构的评估进一步补充了这种自动化监控。学生作业的评分还要受"外审"监督，后者的目标据说是保持大学各部门之间标准的统一。讲师还必须接受同行的观摩，各院系还要定期接受英国高等教育质量保证署（Quality Assurance Agency for Higher Education，QAA）长达三四天的检查。讲师如果还在"做研究"，作为科研水平评估［Research Assessment Exercise，2008 年被同样饱受争议的卓越研究框架（Research Excellence Framework）取代］的一部分，每四五年还要提交"4 篇代表作"供评级。德·安杰利斯和哈维明确指出，这还只是对大学教师必须完成的一些官僚指派任务的极为粗略的描述，而所有这些任务，对机构来说，都和经费挂钩。这一套官僚程序绝不限于大学，也不限于教育：其他公共服务，如英国国家医疗服务体系和警察部队也发生了类似的癌变。

在一定程度上，这是某些过程和服务对市场化

的内在抵抗造成的结果。（比如说，所谓的教育的
市场化靠的就是一个混乱的、没有得到充分发展的
类比：学生是教育服务的消费者，还是它的产品?）
理想化的市场应该实现"无摩擦的"交换，在这样
的交换中，不需要管理机构干预或调解，消费者的
需求就会直接得到满足。然而，评估工人的绩效和
测量各种形式的天生抵抗量化的劳动的冲动，又不
可避免地滋生额外的管理和官僚层级。我们不是直
接比较工人的绩效或产出，而是比较绩效或产出的
审核再现（representation）。这就不可避免地造成
一种短路，工作的目的变成生成和美化"再现出来
的表象"，工作本身的正式目标反而被丢到一边。
的确，一项关于英国地方政府的人类学研究认为，
"更多的努力被花在确保正确地再现地方当局的服
务而非真正改进那些服务上"。这种优先次序的颠
倒，是这样一种系统的标志之一。晚期资本主义重
复斯大林主义的地方就在于，这种与实际的成就相
比更加重视成就的符号的做法。就像马歇尔·伯曼
（Marshall Berman）在描述斯大林的 1931—1933 年
白海运河项目时解释的那样：

斯大林看起来是如此想要创造一个高度可见的发展符号……因此，工人和工程师永远得不到充足的时间、金钱或设备，来建造对运输20世纪货物来说足够深、足够安全的运河；结果，运河在苏联的商业或工业中从来没有起到过任何重要作用。显然，运河能够承载的，只有旅游轮船。20世纪30年代，这些船上坐满了亲切歌颂这一工作成果的苏联和外国作家。运河是宣传的胜利；可但凡把对公关活动的关心分一半用在工作本身，后来的受害者就会少很多，而真正的发展也会多很多。

在一种奇怪的重复冲动下，新自由主义的新工党政府也表现出相同的倾向，它也想推行只在（公关）表象的层面上具有真实世界效应的方案。新工党政府满腔热情地强力推行的那些臭名昭著的"目标"就是一个例子。在一个可以说但凡设定这些目标就铁定会重演的过程中，目标很快就不再是测量绩效的手段，而变成目的本身。如今，在学校考试中不及格的焦虑，是英国夏季的一个常规特征。但如果说学生不如他们的先辈有知识、有本事的话，那么，这不是因为考试本身的质量下降了，而是因为这样一个事实，即所有的教学都是为了通过考试。对"考试训练"的狭隘关注取代了对各个科目的更加广泛的介入和参与。类似地，医院会做大量常规的小手术而非少量重大、紧急的手术，因为这可以让它们更加有效地达成它们的评估目标（手术率、成功率和等待时间的缩减）。

但你如果认为这就偏离了资本主义"真正的精神"，那就错了。相反，这么说会更好：过去，与社会计划的关联抑制了斯大林主义的一个基本维度，这个维度只会在晚期资本主义文化中出现，因为在晚期资本主义文化中，图像获得了自主的力量。股票交易产生的价值当然不是那么直接地取决于一家公司"实际上做了"什么，而更多地取决于人们对其（未来）表现的认识和相关信念。也就是说，在资本主义中，一切坚固的都化作公关。而这种无处不在的倒向公关生产（PR-production）的趋势，至少和市场机制的推行一样，定义了晚期资本主义。

在这里，齐泽克对拉康"大他者"概念的阐释至关重要。大他者是集体的虚构，是一切社会场域预设的符号结构。我们绝不可能遭遇大他者本身，只会遇见它的替身。这些代表绝不可能总是总裁。比如，在上面举的白海运河的例子中，代表大他者的是必须被说服去相信该项目之辉煌的苏联和外国作家。大他者的一个重要维度在于，它不是全知的。而公关之所以起作用，正是因为大他者的这个构成性无知。的确，我们可以把大他者定义为公关和宣传的消费者，甚至在所有个体都没法相信的情况下被要求相信的虚拟形象。用齐泽克举的一个例子来说：比如说，不知道肮脏的是谁？不是普通人，他们清楚它的缺陷；也不是行政人员，他们也不可能不知道；而是被认为不知道——不被允许知道——日常现实的大他者。然而，大他者知道的，也就是说，官方接受的，和实际的个体普遍知道并体验到的之间的区分，绝不"只"是空洞的形式上的；使"日常的"社会现实能够起作用的，正是二者之间的差别。当"大他者不知道"的幻觉再也维持不下去，维系社会系统的无形结构就瓦解了。

实际存在的资本主义呢？理解资本主义现实主义的"现实主义"的一种方式，是从这个角度来看：资本主义声称放弃了对大他者的信念。我们可以这样解释后现代主义，正如利奥塔关于后现代状况的著名表述——"对元叙事难以置信"——暗示的那样，后现代主义是大他者信念衰退所引发的一系列危机的总称。当然，詹姆逊会说"对元叙事难以置信"是"晚期资本主义的文化逻辑"的一种表达，是向后福特主义资本积累模式的转变带来的一个后果。关于"文化转向经济的后现代崩解"，最令人愉快的描述之一出自尼克·兰德（Nick Land）。在兰德的作品中，一只经过控制论升级的看不见的手在逐步消除集中化的国家权力。在兰德20世纪90年代的文本综合控制论、复杂性理论、赛博朋克小说和新自由主义中，他建构出一种资本全球人工智能的愿景：一个巨大、柔韧、不断裂变的系统使人的意志变得过时。在支持非线性、去中心化的资本的宣言《熔毁》（"Meltdown"）中，兰德提到一种"大规模分布的矩阵网络化趋势，这一趋势将使维持所有宏观和微观政府实体——在全球层面上，这些实体合在一起形成了人类安全系统——的写在只读存储器上的命令控制程序变得无效"。这就是作为一种破碎的真实的资本主义，其中（病毒、数字）信号在自我维持的网络上循环传播，这些网络绕过了符号，因此也就不需要大他者来做担保。它是德勒兹和加塔利所说的作为"不可名状之物"的资本，但它没有在他们看来构成资本主义的去领土化和反生产的力量。兰德的立场的问题之一，也是它最有趣的地方，确切来说即它假定了一种"纯粹的"资本主义，一种只受外来（*extrinsic*）而非内部元素（根据兰德的逻辑，这些元素是返祖现象，终将被资本消费和代谢）抑制和阻碍的资本主义。但你不能这样"纯粹化"资本；剥去反生产的力量，资本主义也就随之消失了。类似地，也不存在什么逐渐"剥去"资本主义的"外壳"的趋势，也不存在逐渐如"实"地揭露资本的原初模样：它是贪婪的、冷漠的、非人的。相反，公关在资本主义中做品牌和打广告带来的"无形转变"中起到的重要作用表明，为了有效运作，资本主义的贪婪需要给自己套上各种各样形式的壳。实际存在的资本主义以以下两者的区分为标志：一方面，是使资本主义企业显得有社会责任感、有爱心的官方文化；另一方面，则是这样一种普遍认识——公司实际上是腐败的、无情的，等等。换言之，资本主义的后现代性并不像它看起来那么令人生疑，众所周知，珠宝商杰拉尔德·拉特纳（Gerald Ratner）就因此而付出了惨重代价。拉特纳试图做的，确切来说就是绕过符号"把真相说出来"，在一次晚宴致辞中，他把自己店里卖的廉价珠宝描述为"垃圾"。但拉特纳把这个判断官方化的后果是直接而严重的——公司的市值蒸发了 5 亿英镑，他也丢了工作。顾客以前可能也知道拉特纳卖的珠宝质量不佳，但大他者不知道；大他者一知道，拉特纳就完了。

不说理论黑话、说大白话的后现代主义（vernacular postmodernism）以一种远不如尼克·兰德激烈的方式，通过关于作者功能的元虚构焦虑（metafictional anxieties），在一些电视节目或电影（它们暴露了自己的生产机制，并反身地吸纳了关于自己作为商品的地位的讨论）中应对"符号效率危机"。但后现代主义所谓的去神秘化姿势看起来不是那么地老于世故，反倒表现出某种天真，呈现为一种信念，即认为过去有人真的相信"符号"。当然，事实上，"符号效率"确切来说，正是通过维持物质-经验的因果关系和另一种为"符号"所专有的无形的因果关系之间的明确区分来实现的。齐泽克举过一个法官的例子："我非常清楚事情就是我看到的那样，这个人是个道德败坏的懦夫，但我还是尊重他，因为他戴着法官的徽章，所以在他说话的时候，是法律本身通过他说话。"然而，后现代主义

　　犬儒地把一切简化为现实的操作……是有缺陷的：在法官说话的时候，他的话（法律制度层面的话）在某种意义上比法官这个人更真实。（因为如果这个人只局限于自己看到的东西，那他就错过了重点。）拉康在说"没被骗到的人在犯错"（les non-dupes errent）时针对的就是这个矛盾：那些不允许自己落入符号的欺骗/虚构之中、继续相信自己双眼的人才是

错得最厉害的人。"只相信自己双眼的"犬儒没有看到符号的虚构的效率，也没有看到它是怎样构造我们对现实的体验的。

鲍德里亚的大部分作品也在评论这同一个效力：废除"符号"不会使人直接遭遇"真实"，只会在某种意义上，使真实大出血。对鲍德里亚来说，像纪实纪录片和政治民意调查——二者都声称以无中介的方式呈现现实——那样的现象始终会造成一个不可解决的困境。摄影机的在场有没有对那些被拍摄的人的行为产生影响？投票结果的发布会不会对选民未来的行为产生影响？这样的问题没有确定的答案，因此，"现实"将始终捉摸不定：现实会在它看起来被原样把握的那一刻溢出现实，变成鲍德里亚所说的经常被人误解的"过现实"（Hyperreality）[1]。最成功的真人秀会不可思议地响应鲍德里

[1] 这个词经常被译作"超现实"，并因此被误解。可以把 Hyperreality 理解为对现实的把握超过了现实本身，故而被把握的那个东西超过直接的现实本身，混入了符号或现实的拟像。它始终是对现实的再现，而非对现实的直接呈现。这里为避免误解译作"过现实"，取程度过度之"过"，可以对比程度不足之"欠"来理解。——译注

亚的凝视，它以融合纪实纪录片元素和互动性民意调查而告终。实际上，在这些节目中，"现实"有两个层面：荧幕上"真实生活"的参与者的无剧本设计的行为，和家中观众无法预测的反应，后者反过来又影响了荧幕上参与者的行为。然而，电视真人秀一直无法摆脱虚构和幻觉的问题：参与者是不是在表演、在压抑自己个性的某些方面，以达到吸引我们这些观众的目的？观众的投票有没有被准确登记，还是说，会存在某种对结果的修正？《老大哥》这个电视真人秀使用的口号——"你来决定"——完美地捕捉到那种反馈控制模式，根据鲍德里亚的观点，这种模式取代了旧有的集中化的权力形式。我们自己坐上了权力的空王座，用电话和点击来做出回应。电视综艺《老大哥》取代了奥威尔的老大哥。我们这些观众不受制于来自外部的权力；相反，我们被整合进一个控制回路，这个回路发布的唯一命令是我们的欲望和偏好，但那些欲望和偏好返回至我们时已不再是我们的欲望和偏好，而变成了大他者的欲望和偏好。显然，这些回路不限于电视：如今，包括教育和政府在内的所有"服务"

都包含控制论的反馈系统（焦点小组、人口调查）。

　　这又把我们带回到后福特主义官僚制的问题。官僚制——官场话语——和大他者之间当然存在密切联系。来看看齐泽克自己举的关于大他者之运作的两个例子：一个没有接到升级通知的低级职员说"对不起，我还没有收到这个新措施的正规通知，我帮不到你……"；一个相信自己运气不好是因为房屋门牌号不吉利的女人无法满足于自己重刷一个不同的数字，因为"得让负责的国家机构来正规操作……"我们都熟悉官僚力比多（bureaucratic libi-do），都熟悉某些官员从这个可以否认责任的位置得到的享受（"不怪我，恐怕这只能怪规定"）。和官僚打交道的挫折感之所以会出现，是因为他们本人不能做任何决定；相反，他们只被允许参考（大他者）已经做出的决定。卡夫卡是书写官僚制的最伟大的作家，因为他看到了这个否认结构内在于官僚制。寻求最终权威——这个权威将最终解决 K 的官方身份的问题——之路永无止境，因为大他者本身是永远见不到的：能见到的只有官员，他们多少都带有敌意，干着诠释大他者意图的活。而这些诠释活动，这些对责任的延宕，就是大他者的全部。

如果说卡夫卡作为极权主义的评论者很重要，那是因为他揭露了这点，即极权主义有一个维度，不能用专制命令的模型来理解。卡夫卡把无止境的官僚迷宫想象为炼狱，这和齐泽克的主张是一致的。齐泽克称后期过度形式主义的苏联是一个"符号帝国"，其中甚至权贵阶层自己也在参与诠释一系列复杂的社会符号学信号。没人知道（那个抽象的"上头"）要什么；相反，个体只能猜测特定的姿势或指示是什么意思。在没有可能（哪怕只是在原则上）诉诸某个最终权威，靠它提供确定的官方说法的情况下，在晚期资本主义中发生的，是对那个模糊性的大规模强化。作为这种症状的一个例子，让我们再次转向延续教育。在工会官员、大学校长和议会成员的一次会议上，处在延续教育经费迷宫中心的半官方机构，英国学习与技能委员会（Learning and Skills Council，LSC）受到了特别的攻击。教师、校长和议员都没法确定特定的指示是怎么冒出来的，因为政府政策本身并不包含这些指示。答案是，学习与技能委员会"诠释了"英国教育与技能部（Department for Education and Skills）发布的指令。这些诠释因此也就有了官僚制特有的那种奇怪的自主权。一方面，官僚程序自由流动，独立于一切外部权威；但那个自主权本身又意味着，官僚制有一种强烈的不变性（implacability），抗拒一切修正或质疑。

后福特主义下审核文化的扩散表明，大他者的消亡被夸大了。也许，最好把审核设想为公关和官僚制的融合，因为官僚系统的数据往往意在起到某种宣传作用：比如说，就教育而言，考试成绩或研究评级会提高（或降低）特定机构的声望。教师遭遇的挫折则是，看起来，他们的工作越来越以给核对和消费这些"数据"的大他者留下好印象为目标。这里的"数据"打上了双引号，因为大多数所谓的数据信息在审核参数外几乎没有任何意义或用途：就像伊娃·贝格伦德（Eeva Berglund）说的那样，"审核创造的信息，即便如此缺乏局部的细节、如此地抽象、如此地具有误导性或者说无意义（只有按审核本身的审美标准来看才不是这样），也会造成后果"。

新官僚制采取的形式，不是由特定工人来履行具体的、明确界定的职能，相反，它侵入工作的一切领域，结果是——就像卡夫卡预言的那样——工人变成他们自己的审核者，被迫评估他们自己的表现。比如说，以英国教育标准局（Office for Standards in Education）用来检查延续教育学院的"新系统"为例。在老系统下，学院每四年左右就要接受一次"重度的"检查，也就是说，涉及大量课堂观察、大量检查员到校的检查。在新的"改良的"系统下，如果一所学院能证明自己的内部评估系统有效的话，那么，它只需要接受"轻度的"检查。但这个"轻度的"检查的缺点是显而易见的：监控和监测从英国教育标准局那里被外包给学院，并最终外包给讲师自己，变成学院结构（和个体讲师心理）的永久特征。老的/重度的检查系统和新的/轻度的检查系统之间的差别，正好和上文提到的，卡夫卡在诡称宣判无罪和无限期延缓之间做出的区分，相对应。诡称宣判无罪，就是向下级法院法官请愿，直到他们给你一个不具约束力的缓刑。

这样，在法庭重启你的案件之前，你就是自由的。对比之下，无限期延缓则是使案件留在法院的最低层级，但代价是永无止境的焦虑。[在高等教育中，从科研水平评估向卓越研究框架的变化，是（延续教育中）英国教育标准局检查的变化的镜像反映：一种永久的、无处不在的测量取代了定期评估，这种测量不可避免地会引发同样永久的焦虑。]

倒不是说，对员工来说，"轻度"检查在任何意义上都比重度检查更可取。检查者在学院待的时间，和在老系统下一样长。他们的人数减少了，这个事实并没有减轻检查带来的压力，这个压力更多地与在预见到会有人来检查的情况下必须搞的额外的弄虚作假有关，而与实际的观察本身无关。也就是说，（新系统下的）检查恰好与福柯在《规训与惩罚》中关于监控的虚拟性的论述对应。众所周知，福柯说，监控的位置上不必真的有人。不知道自己会不会被观察的效果，造成了监控装置的内摄。你会持续地表现得就像你马上就要被观察那样。但就英国学校和大学的检查而言，给你评分的依据，主要还不是你作为教师的能力，而更多地看你作为官僚的勤奋程度。还有其他古怪的效果。因为英国教育标准局现在观察的是学院的自我评估系统，所以，这样的考察也就对学院形成了一种含蓄的激励，鼓励它们故意给自己和自己的教学打低分。结果就形成了一种后现代资本主义版的忏悔主义，要求工人不断地进行象征性的自我贬低。有一次，我们的直属管理者在吹捧新的轻度检查系统的优点的时候告诉我们，我们系明面上的问题在于自我批评不够。不过别担心，他敦促说，我们的自我批评都是象征性的，永远不会付诸行动；说得就好像搞自我鞭挞——作为官僚制的犬儒服从中的一种纯粹形式上的演练的一部分——不会让人泄气那样。

在后福特主义的课堂上，教师的反身性无能也映照了学生的反身性无能。德·安杰利斯和哈维说：

标准化与监督的实践和要求显然给学术界带来了巨大的工作负担，几乎没人为此而感到高兴。人们也已经提出多种应对措施。管理人

员经常指出这"别无选择",也许还会建议,
我们需要做的是"更聪明而不是更努力地工
作"。这个为抑制员工对进一步变革——根据
他们的(我们的)经验,这些变革会对工作条
件产生破坏性影响——的抵抗而引入的诱人口
号,试图将以下二者结合起来:一、因预算压
力和提高"竞争力"而进行"变革"(结构重
组和创新)的需求;二、员工的抵抗(不只是
对其工作条件恶化的抵抗,也包括对"变革"
在教育和学术上的"无意义"的抵抗)。

对"别无选择"这个想法的调用和"更聪明而
不是更努力地工作"的建议表明,资本主义现实主
义为后福特主义下的劳资纠纷设定了基调。一名讲
师曾讥讽地评论说,结束检查制度看起来比结束奴
隶制还不可能。只有在出现一个新的(集体)政治
主体的情况下,我们才能对这种宿命论发起挑战。

"……如果你能看到一种现实和另一种现实重叠"

作为梦的工作和记忆障碍的资本主义现实主义

　　"务实"（现实点）可能一度有与现实和解的意思。这种现实被认为是坚固的、不可动摇的。但资本主义现实主义必然使自己服从于一种无限可塑的、能够随时重构自身的现实。在这里，我们面对的，是詹姆逊在他的论文《后现代的二律背反》中所说的"一种完全可替换的当下，其中，空间和心灵都可以被随意加工和改造"。这里的"现实"类似于数字文档中可用选项之"多样性"，在那里，没有什么决定是最终的，一切都可以被修改，先前的任何时刻都可以随时被召回。我在上文提到的那个中层管理人员就把对这种"可替换"现实的适应变成一门艺术。他可以在某天言之凿凿地讲一个关于学院及其未来的故事——检查可能意味着什么、高级管理层在想什么；然后真的就在第二天，说出一个和他之前说过的话相矛盾的故事。他对先前故事的否认从来不成其为一个问题；就好像他只是依

稀记得有过另一个故事那样。我想，这就是"好的
管理"。也许，这也是在资本主义的永久不稳定中
保持健康的唯一途径。表面上看，这个管理人员是
精神健康的典范，他的整个存在都散发出一种亲热
随和的友善。一个人只有在如此情况下才能维持这
样的欢快：他几乎彻底缺乏批判的反身性；并像上
文的中层管理者那样犬儒地服从来自官僚权威的一
切指示。当然，服从上的玩世不恭（cynicism）是
必不可少的；他能保持他 20 世纪 60 年代自由派的
自我形象，关键在于他"不是真的相信"自己如此
勤勉地执行的审核程序。而这种否认又依赖于我在
上文讨论过的，内在的主观态度和外在的行为之间
的区分：从他内在的主观态度来看，这个管理人员
强烈反对甚至鄙视自己监管的官僚程序；但从他的
外在行为来看，他又百分百地服从。可确切来说，
正是工人在主观上对审核任务的不投入，使他们能
够继续从事毫无意义的、令人泄气的劳动。

　　这个管理人员从一种现实流畅地迁移到另一种
现实的能力让我想起了厄休拉·勒古恩的《天钧》
(*The Lathe of Heaven*)。这部小说写的是一个名叫

乔治·奥尔（George Orr）的男人的故事，他的梦想真的成真了。然而，愿望的实现，很快又以一种历史悠久的童话的方式变成创伤性的、灾难性的活动。比如说，在奥尔的治疗师哈伯医生引导奥尔做梦期待人口过剩的问题得到解决时，奥尔醒来发现自己身处一个数十亿人已被一场瘟疫抹除的世界；就像詹姆逊在他关于这部小说的讨论中说的那样，这场瘟疫是"一个迄今为止都不存在的事件，却很快在我们关于最近的按时间顺序的记忆中找到了自己的位置"。在很大程度上，这部小说的力量在于它对这些回顾性虚构的渲染，这些虚构的机制既如此熟悉——因为我们每天晚上做梦的时候都会过一遍——又如此古怪。我们怎么可能相信多个连续出现甚或同时存在的、相互矛盾得如此明显的故事？可我们从康德、尼采和精神分析那里得知，清醒，和梦、经验一样，就取决于这样的荧幕叙事。如果真实让人无法忍受，那么我们建构的一切现实都必然是一连串的矛盾。康德、尼采、弗洛伊德的思想与那种烦人的陈词滥调——"人生如梦"——的不同之处在于，我们亲历的虚构是共识性的。那种认为我们所经历的世界是一种从我们心智的内在投射出来的唯我论的妄想的想法，与其说令我们不安，不如说反倒给了我们慰藉，因为它符合我们幼时无所不能的幻想；但那种认为我们所谓的内在的存在要归功于一种虚构的共识的想法始终有些神秘。在勒古恩让其他人——致力于操纵和控制奥尔能力的治疗师哈伯和律师希瑟·勒拉什——见证奥尔扭曲现实的梦的时候，《天钩》也记录了这种出乎意料的神秘。那么，经历别人的梦想成真是怎样一种体验？

[哈伯] 没法再说下去。他感觉到了：转变，抵达，变化。

女人也感觉到了。她看起来被吓到了。她把黄铜项链像护身符一样紧贴在喉咙，诧异、震惊、恐惧地盯着窗外的景象。

[……] 女人会受到什么影响？她会理解吗？她会发疯吗？她会做什么？她会和他一样，同时保留两种记忆——真记忆和新记忆、旧记忆和真记忆——吗？

她"发疯"了吗？不，完全没有：在片刻的困惑走神之后，希瑟·勒拉什删掉了缝合点，接受了"新"世界就是"真"世界。这一策略——毫不质疑地接受大相径庭的、无意义的东西——一直是理智本身惯用的典型操作，但在晚期资本主义，在那幅"由以往一切构成的斑驳之画"中，它还有一个特别的作用。晚期资本主义对社会虚构的捏造及废弃，与它对商品的生产及处理一样迅速。

在这种本体性不稳（ontological precarity）的条件下，遗忘变成一种适应策略。以戈登·布朗为例，在权宜地重新发明自己的政治身份之时，他努力引入一种集体的遗忘。在《国际社会主义》（*International Socialism*）上的一篇文章中，约翰·纽辛格（John Newsinger）回忆了：

> 布朗是怎样在英国工商业联合会的大会上说"我生来会做生意"的。（他说）他母亲是公司董事，并且"我成长的氛围让我对生意了如指掌"。他曾经是，也的确一直是他们的一员。唯一的问题在于这不是真的。就像他母亲

后来承认的那样，她永远不会自称"女商人"：
她只是为"一家小型家族公司"做过一些"简
单的行政工作"。她在结婚时就放弃了那份工
作，并且在结婚三年后才生下小戈登。虽然之
前也有过工党政客试图为自己编造工人阶级背
景，但布朗是第一个试图为自己编造资本家背
景的人。

纽辛格拿一个截然不同的案例，将与布朗竞争
并在布朗之前担任英国首相的托尼·布莱尔和布朗
对比。布莱尔——他呈现了一种后现代弥赛亚主义
的奇怪景观——从来没有任何需要背弃的信念，而
布朗从长老会社会党人向新工党最高领导人的转变
则是一个漫长、艰巨、痛苦的否定和否认的过程。
"对布莱尔来说，拥抱新自由主义不需要他做出多
重大的个人斗争，因为他之前就没有什么信念需要
抛弃，"纽辛格写道，"而对布朗来说，这就要涉及
一个刻意的、改变立场的决定了。人们怀疑此举会
损害他的人格。"布莱尔是天生的末人，他天生就
倾向于成为末人；布朗则是通过意志的力量变成的

末人，是历史终结处的侏儒。

布莱尔是没有胸怀的人，是政党为掌权所需要的局外人，他小丑一样歇斯底里的脸像推销员一样圆滑；布朗令人难以置信的自我发明之举是政党自己必须经历的活动，他假笑的鬼脸客观反映了工党如今的真实状态，现在它已经完全屈服于资本主义现实主义了：它被开膛破肚，没了核心，它的内在被拟像取代，后者曾经看起来光辉灿烂，如今的全部魅力却只如同十年前的计算机技术。

在现实和身份像软件一样升级的状况下，记忆障碍成为文化焦虑的焦点并不奇怪——比如，看看《谍影重重》系列、《记忆碎片》《暖暖内含光》这些电影就知道了。在《谍影重重》系列中，杰森·伯恩在找回身份的过程中，也在不断地逃离一切固定的自我意识。"请试着理解我……"，在罗伯特·鲁德鲁姆的原著小说中，伯恩说：

> 我得知道某些事情……知道足够多的东西才能做决定……但也许不需要知道一切。我的一部分必须能够离开，消失。我必须能够告诉

自己，过去存在的不复存在了，并且可能它从
来就不曾存在，因为我不记得了。一个人不记
得的事情，对他来说……也就并不存在。

在电影中，伯恩的跨国游牧是通过一种超快的
剪辑风格来呈现的，这种风格起到了某种反记忆的
作用，把观众抛进令人眩晕的"持续的当下"，詹
姆逊认为这种感觉是后现代时间性特有的。鲁德鲁
姆小说中的复杂情节被转变为一系列转瞬即逝的事
件密码和动作场景，这些碎片几乎没法凝聚为一种
可理解的叙事。伯恩没有个人的历史，也就缺乏叙
事的记忆，而只保留了所谓的形式的记忆：一种真
正地体现为一系列身体的反应和抽搐——关于技
巧、实践、行动——的记忆。在这里，伯恩损坏的
记忆呼应了弗雷德里克·詹姆逊描述的那种后现代
的怀旧模式。其中，它在内容层面上对当代甚或未
来的参考，遮蔽了在形式层面上对既有或过时的模
型的依赖。一方面，这是一种只赋予"当下"和
"即刻"以特权的文化——在时间线上，对"长期"
的切除既向后又向前延伸（比如说，媒体报道会在

一周左右的时间内垄断人们的注意力，然后立刻被忘记）；另一方面，它又是一种过度怀旧的文化，被回顾所占领，不能生成任何真正的新事物。就我们对后现代/后福特主义文化的理解而言，詹姆逊最大的贡献，可能就在于对时间的二律背反的识别和分析。"我们必须从这样一个矛盾出发"，他在《后现代的二律背反》中论证道：

> 那就是，在社会生活的各个层面上的空前的变化速率，与一切事物空前的标准化——感觉和消费品一起标准化了，语言也和建筑空间一起标准化了——之间画等号，后者看起来与这样的易变性是不兼容的……然后，人们开始意识到，从来没有哪个社会如这个社会般标准化，人、社会和历史的时间流也从未如此同质地流动过……因此，现在，我们开始感觉到：如今，一切都服从时尚和媒体意象的永恒变化的情况下，不会再有什么变化了。这看起来也是现代性本身（至少就其时间维度而言）更深层、更基本的构造。

　　无疑，这是去领土化的力量和再领土化的力量
之间的斗争的又一个例子。德勒兹和加塔利认为，
这场斗争构成了资本主义本身。如果深刻的社会和
经济不稳定反倒使人渴望熟悉的文化形式，那也没
有什么好奇怪的，就像伯恩恢复了他的核心反应能
力那样，我们也以同样的方式恢复了熟悉的文化形
式。与这一处境相关的记忆障碍，也是困扰《记忆
碎片》中的莱纳的状况。理论上说，它是一种纯粹
的顺行性遗忘症。在这里，先于此状况的记忆不受
影响，但患者不能把新的记忆转化成长期记忆；因
此，"新"事物是有敌意的、转瞬即逝的、无法通
航的，患者又被拉回到"旧"事物的安全之中。不
能形成新的记忆简洁地表述了后现代的困境……

　　如果说记忆障碍这个类比令人信服地说明了资
本主义现实主义里的小故障，那么资本主义现实主
义顺利运行的模型就是梦的工作（dreamwork）。
在我们做梦的时候，我们会遗忘，但马上又会忘记
自己有所遗忘；因为我们记忆中的缺口和空白被修
改掉了，所以，它们不会让我们不安或痛苦。梦的
工作做的，是生产一种插入虚构情节的连贯性，来

覆盖反常和矛盾。温迪·布朗（Wendy Brown）在论证"恰恰是梦的工作提供了理解当代权力形式的最好模型"的时候，注意到了这点。布朗在她的论文《美国噩梦：新保守主义、新自由主义和去民主化》（"American Nightmare：Neoconservatism，Neoliberalism，and De-democratization"）中拆解了新保守主义和新自由主义之间的同盟关系，一直到 2008 年，美国版的资本主义现实主义都是由这个同盟构成的。布朗指出，新自由主义和新保守主义的运作前提不但不一致，还直接矛盾。她问道：

> 一种在目的和手段层面都明显不道德的理性（新自由主义）怎么会和一种明显道德且（强调）监管的理性（新保守主义）相交？一个要清空世界的意义，要贬损、灭绝生活并明目张胆地利用欲望的计划，怎么会和一个以固化和坚持意义，保存某些生活方式并压抑和管制欲望的计划相交？对以公司为模型的治理和一种（强调）自利的规范社会结构的支持，怎么会和对以教会权威为模型的治理、一种（强

调）自我牺牲与长期顺从忠诚的规范社会结构
（被无节制的资本主义粉碎的，正是这种结构）
的支持，联姻或碰撞到一起？

可布朗所谓的"政治理性"层面上的不一致，
一点儿也不妨碍它们在政治主体性层面上的共生关
系。并且，虽然它们从截然不同的指导性假设出
发，但布朗认为，新自由主义和新保守主义合力削
弱了公共领域和民主，生产出一种被治理的公民，
他们到产品中而非政治过程中，寻找解决方案。如
布朗所说：

> 选择的主体和被治理的主体绝非对立关
> 系……法兰克福学派的知识分子和早在他们之
> 前的柏拉图都在理论上分析过个体的选择和政
> 治统治之间公开的相容性，并描述过可为政治
> 僭主或威权主义所用的民主主体——他们之所
> 以可以被后者利用，是因为他们沉浸于选择和
> 满足自己的需求，把选择和需求的满足错当成
> 自由。

从布朗的论证稍做推测，我们可以假设，把新保守主义和新自由主义离奇地结合到一起的，是它们共同憎恨的那些东西，即所谓的保姆国家及其从属。尽管新自由主义持有反国家主义的言论修辞术，但在实践中并不反对国家本身（如 2008 年国家对银行的纾困所示），它只反对使用国家资金的特定方式；同时，新保守主义的强国家状态仅限于军事和警察职能，它把自己定义为福利国家的反面，在它看来，福利国家削弱了个体的道德责任感。

"没有电话总机"

　　尽管遭到新自由主义和新保守主义的痛斥，但保姆国家一直困扰着资本主义现实主义。对资本主义现实主义来说，大政府的幽灵发挥了必不可少的力比多功能。都怪它没有起到集中化权力的作用！人们对它的愤怒，据说和托马斯·哈代怪上帝不存在时的暴怒很像。在《伦敦书评》上的一篇关于水务私人化的文章中，詹姆斯·米克（James Meek）评论说："一次又一次地，保守党和工党政府发现在它们给私人公司权力，然后那些私人公司把事情搞砸了时，选民会怪政府把权力让渡出去，却不会去怪公司滥用权力。"在灾难发生一年后，米克拜访了英国在 2007 年大洪灾中受灾最严重的市镇之一，蒂克斯伯里。表面上看，灾后各种服务的中断，是私有化的自来水公司和房屋建筑商的错，但米克发现，大多数当地居民不这么看。米克写道：

总的来说，在蒂克斯伯里，对没能阻止房屋建造商的政府、地方议会和环境局的敌意，更甚于对没把房子盖好的房屋建造商或偏偏要买那样的房子的人的敌意。在保险公司提高它们的保险费时，更多的矛头指向了没花足够的钱来防洪的政府，而非提高保险费的保险公司，或选择在容易遭洪水的山谷生活却又不愿意为此多花钱的人。

在一场截然不同的灾难——2008 年的银行危机——那里，这种症状又复发了，且这一次的规模要大得多。媒体聚焦于个体银行家的过度行为和政府处理危机的方式，而略过了危机的系统原因。虽然我一点儿也不想为工党政府在这些灾难中扮演的角色开脱，但必须承认，聚焦于政府，和聚焦于不道德的个体一样，都是一种注意力的转移。让无能的政府（这个政府正为收拾它商界的朋友留下的烂摊子而东奔西走）来当替罪羊，这样的做法源于敌意，源于一种对保姆国家的持续敌意，虽然这种敌意还伴随着一种拒绝，即拒绝接受让政府在全球资本主义中靠边站所造成的后果。也许，这是一个迹象。它表明，在政治无意识的层面上，要接受这点，即没有总体的控制者，是不可能的。如今，我们拥有的最接近于统治权力的东西是模糊不清的、无法问责的利益，这些利益正在驱使公司不负责任。也许，这是拜物教式的否认的一个例子——"我们清楚地知道政府没有在幕后操纵，可就算这样……"否认之所以发生，在一定程度上，是因为全球资本主义的无中心性完全不可想象。尽管现在人们被询唤（interpellated）为消费者，但人们依然忍不住认为自己是（虽然他们曾经确实是）公民。并且，就像温迪·布朗和其他人已经指出的那样，政府自己也被呈现为某种商品或服务。

对我们大多数人来说，最接近于对资本主义的无中心性的直接体验，是与呼叫中心的相遇。作为晚期资本主义中的消费者，你越来越存在于两种独特的现实之中：一种是顺利提供了服务的现实；另一种则截然不同。那是呼叫中心的疯狂的卡夫卡式迷宫，一个没有记忆的世界。在那里，因果以神秘的、难以理解的方式关联在一起；在那里，任何事情的发生都是一个奇迹，你失去了回到另一边的希望；在那里，一切看起来进展顺利。还有什么例子比呼叫中心更能说明新自由主义世界辜负了它自己的公关宣传呢？但就算这样，与呼叫中心打交道的糟糕体验的普遍性也依然无法动摇那个（使资本主义）运作（的）假设，即资本主义天生高效，就好像呼叫中心的问题不是资本逻辑造成的系统性后果那样。这个资本逻辑意味着，组织是如此执着于盈利以至于它们不能真正卖给你任何东西。

呼叫中心的体验浓缩了晚期资本主义的政治现象学：被欢声尖叫的公关打断的无聊和挫折，向不同的不熟悉业务、不了解情况的工作人员多次重复同样的枯燥细节，不断积累的狂怒，但这狂怒必定是无能的，因为它不可能有合法的发泄对象；因为就像打电话的人很快就会清楚的那样，没有谁会知道并为此而做些什么事，即便他们能。愤怒只可能是一种发泄；它是真空中的攻击行为，它指向的人也是系统的受害者，但你和这个人又没有任何共通的可能性。愤怒没有适当的对象，也同样没有任何效果。在这种对一个不回应、非个人、无中心、抽象且碎片化的系统的体验中，你无比真实地遭遇了你可能遭遇的资本本身的人工智障。

呼叫中心给人造成的焦虑又一次说明了，只把卡夫卡理解为一位写极权主义的作家是不对的；一个去中心化的市场官僚制，比有中央权威的官僚制更卡夫卡。比如说，读读 K 遭遇城堡中的电话系统的无望闹剧，我们很难不把它看作对呼叫中心体验的惊人预言。

> 这里跟城堡之间并没有明确的电话线路，没有能负责把我们打去的电话转接到其他电话上的总台。如果有人从这里打电话给城堡里的某个人，城堡最底层部门的所有电话设备都会响起来，或者说，要不是差不多所有人都把对应着这类来电的响铃关掉了的话，本来所有的电话机都会响起来的——这点我倒是知道的。然而，时不时地就会出现一个疲劳过度的公职人员需要稍微散散心，此人会把电话机对应这

部分来电的响铃打开,尤其是在傍晚和深夜。如此一来,我们就听到了回话,然而这样的回话至多也只是在开玩笑而已。这也是非常容易理解的:深更半夜,只是为了排遣自己私下里的小小烦忧,就去打乱那些最重要的、一直都在高效推进的工作,谁又有资格这样去做呢?其实就连我自己都弄不明白,即便是一个外人,也不该相信当他打电话给比如索尔蒂尼时,索尔蒂尼本人就真的会过来回答他。

K 的回应预见了个体在呼叫中心迷宫中的迷茫困惑及其带来的沮丧。尽管和呼叫中心工作人员的许多对话给人一种达达主义式的无意义感,但我们不能真当它们毫无意义,不能真认为它们一点意义也没有。

"我还真没预计到事情原来会这样,"K 说,"这些细节上的东西我是不可能知道的,不过我也并不怎么信任电话里的谈话,我始终认为,只有直接在城堡里经历或达成的事情,才具有真正的意义。"

"不对,"村长说,他咬住了 K 话中的一个说法,"真正的意义,在电话里的这些回应中是绝对有的,怎么可能没有呢? 来自城堡的公职人员,提供的信息怎么可能全无深意?"[1]

卡夫卡最天才的地方,就在于他探索了资本特有的那种否定无神学(negative atheology):中心没了,但我们还是忍不住要寻求它、设定它。不是那里什么也没有,而是在那里的东西不能履行责任。

坎贝尔·琼斯(Campbell Jones)在一篇题为《应该回收再利用的主体》("The Subject Supposed To Recycle")的文章中从另一个角度讨论了这个问题。通过提出"应该回收再利用的主体是谁?"这个问题,琼斯使一个命令变得不自然了。如今,这个命令是如此地理所当然,以至于抵抗它看起来毫无意义,更不用说不道德了。每个人都要被回收

---

[1] 此两段译文出自《城堡》,弗兰茨·卡夫卡著,文泽尔译,天津人民出版社,2020 年。——编者注

再利用；任何人，无论他们的政治信仰如何，都不应该抵制这一禁令。确切来说，我们要被回收再利用这个要求被精确地设定为一个前意识形态的或者说后意识形态的命令；换言之，它正好被放进了意识形态总能起作用的那个空间。但是，琼斯论证道，应该回收再利用的主体预设了不必回收再利用的结构：把回收再利用变成"每个人"的责任，结构把自己的责任外包给消费者，其本身隐形。如今，在要求个体承担道德责任的呼声前所未有地喧闹——朱迪斯·巴特勒在她的书《战争的框架》（*Frames of War*）中用"责任化"（responsibilization）这个术语来指这个现象——之时，有必要反过来，在最总体化的结构上下注。与其说每个人都要对气候变化负责，我们都必须尽自己的一份力，倒不如说没人应该负责会更恰当。这就是问题之所在。生态灾难的原因是一个非个人的结构。这个结构能够产生各种形式的影响，但它恰恰不是一个能够履行责任的主体。我们需要的主体——一个集体的主体，并不存在，可危机和我们如今面临的所有其他全球危机一样，要求建构出一个这样的主体。

然而，至少从 1985 年起，英国的政治文化中就一直存在着对道德直接性的呼吁——拯救生命音乐会的共识性伤感取代了矿工罢工的对抗，这永久地推迟了这样一个主体的出现。

阿明·贝费伦根（Armin Beverungen）在一篇关于艾伦·帕库拉（Alan Pakula）1974 年电影《视差》（*The Parallax View*）的文章中也触及了类似的问题。该文认为，《视差》在某种程度上提供了一个示意图，它说明，某种特定的（商业）道德模式出了问题。问题在于，大多数版本的道德准则假定的个体责任模型对资本或公司的行为几乎没有什么影响。《视差》从某种意义上说是一部元阴谋电影：一部不只关于阴谋，也关于揭露阴谋的努力之无能的电影；或者说，比那还要糟糕得多，它是一部关于特定种类的调查是怎样滋养它们意图揭露的阴谋的电影。与其说，沃伦·比蒂扮演的角色被陷害/因为他调查的罪行而被杀，公司杀手一扣扳机就抹除了他，破坏了他的调查；不如说，就像詹姆逊在《地缘政治美学》（*The Geopolitical Aesthetic*）中关于电影的评论中指出的那样，恰恰是他的坚持、近乎反社会的个体主义使他很容易被陷害。

如此，在我看来，《视差》可怕的高潮时刻——当刺杀比蒂的匿名杀手的黑影在偏头痛-白色（migraine-white）空间出现的时候——和一部截然不同的电影，彼得·威尔的《楚门的世界》结尾打开门的时刻形成了呼应关系。但威尔电影结尾时地平线上开向黑色空间的门意味着一个完全宿命论的世界中的一个断裂，意味着存在主义之自由所依赖的虚无，而《视差》"最终打开的门……则通往一个目之所及皆是由阴谋组织和控制的世界"（詹姆逊）。这个在门口持枪的匿名形象，是我们所能看到的，最接近于阴谋本身（作为阴谋的阴谋）的东西。《视差》中的阴谋从来没有被透露过。它从来没有集中在一个邪恶的个体身上。虽然按照推测，应该是公司策划的，但《视差》中的阴谋背后的利益和动机从来没有被阐明。（也许，甚至那些实际参与阴谋的人自己也没有解释过，或者说没有人对他们解释过。）谁知道视差公司实际上想要什么呢？它自己就处在政治与经济之间的视差之中。它是政治利益的商业掩护，还是说，整个政府机器都在掩护它？目前，还不清楚该公司是否真的存在；而且，也不清楚它的目标是不是假装自己不存在或假装自己存在。

资本主义中当然有阴谋，但问题在于，这些阴谋之所以可能存在，是因为更深层的结构使它们能够运作。比如说，有人会真的认为，如果我们用一群全新的（"更好的"）人取代整个管理阶层和金融阶层，事情就会变好吗？显然不是这样，相反，罪恶是结构滋生的，只要结构还在，罪恶就会自我再生产。帕库拉电影的优点就在于提出了公司阴谋特有的那种模糊的、无中心的非个人性。就像詹姆逊评论的那样，在《视差》中，帕库拉敏锐地捕捉到一种特别的公司情感调性：

> 对执行阴谋的人来说，关心（Sorge，concern）就是露出自信的微笑，并且这种关注不是个人的而是公司的，是一种对网络或制度的活力的关心，是一种不怀有笨拙式猜测（这样的猜测耗尽了受害者的精力）的、对集体组织本身的空白空间的无形的分心或不注意。这些

人知情，因而能够把自己作为角色，投入一种
强烈却自满的注意之中，可这种注意的重心却
在别处：它是一种不关心的专心。但这种截然
不同的、同样去个人化的关心，又仿佛无意识
地、总体地带有它自己特定的操心，不会给作
为个体的坏人带来任何个人的后果。

不会给作为个体的坏人带来任何个人的后
果……如今，在琼·查尔斯·德梅内塞斯（Jean
Charles De Menezes）[1] 和伊恩·汤姆林森（Ian
Tomlinson）[2] 死后，在银行业可耻的失败之后，
这句话是多么地应景。在这里，詹姆逊描述的是公
司结构的抑制之茧。它在保护的同时造成麻木，它
摘出管理者，使管理者缺席，确保他们的注意力永
远错位，确保他们听不到。许多带着高期望进入管
理层的人都会妄想自己不会重复他们的管理者做过

---

[1] 巴西公民，去世前生活在英国伦敦南部，2005 年在伦敦斯托
    克维尔地铁站被便衣警察误杀。当时警察认定他跟 2005 年 7
    月 21 日发生的伦敦恐怖爆炸案有关，但事后证明他是完全无
    辜的。——译注
[2] 英国公民，2009 年在 G20 伦敦峰会抗议期间被警察推倒在地
    后死亡。经过死因研讯，陪审团裁定受害人死于警察行凶
    杀人。——译注

的事情，会妄想这一次会不一样；可看着吧，通常在一个人跻身管理层后不久，权力老练的石化就会在他身上起作用。在这里，结构是显而易见的。你可以真切地看到它接管了人，听到它通过那些人发出的麻木的/使人麻木的判断。

出于这个原因，急于追究个人的道德责任是错误的，这些道德责任实际上是公司结构转嫁给个人的。就像齐泽克论证过的那样，在信贷危机之后，资本主义系统就是用这种"道德"的诱惑来保护自己的：怪所谓的病态的个体，怪那些"滥用系统"的人，而不怪系统本身。但这种逃避实际上是一个分两步进行的程序。往往，就在属于公司结构的个体可能面临惩罚之时，人们会（要么含蓄地，要么公开地）提到结构。在这点上，滥用或暴行的原因突然变得如此地系统又如此地分散，以至于没有一个个体能为之负责。这正是在希尔斯堡球场惨案[1]、

---

[1] 1989 年 4 月 15 日，在英国希尔斯堡球场举行的利物浦队对阵诺丁汉森林队的足总杯半决赛中，由于球场结构问题和组织秩序混乱，在比赛开始后尚有 5 000 名利物浦球迷未能入场，警官开启大门却没有给予必要的引导，致使 5 000 人涌向同一看台，拥挤造成了严重的踩踏伤亡——96 人丧生，200 多人受伤。——译注

琼·查尔斯·德梅内塞斯和如此之多的案件中发生
的情况。但这个困境（只有个体才能在道德上为行
动负责，可这些滥用或过错的原因又是公司的、系
统的）不只是一种掩饰；确切来说，它也指出了资
本主义中缺少的东西。什么机构能够管控非个人化
的结构？怎样才有可能惩罚一个公司结构？是，在
法律上，公司可以被当作个体来对待。可问题在
于，公司虽然肯定是实体，却和个体的人不一样，
因此，任何惩罚公司和惩罚个体之间的类比都必然
是缺乏说服力的。倒不是说，公司仿佛是一切幕后
的深层次动因；而是说，它们本身就受限于一个非
主体的终极因，或，它们本身就是一个非主体的终
极因的表达，而这个终极因就是：资本。

超级保姆

　　没有什么比经典版的《超级保姆》更能清楚地
说明齐泽克所识别的那种父的功能（the Father
function）的失败，即晚期资本主义中父的超我的
危机。可以说，这个节目提供了一种对后现代性的
放任的享乐主义的无休止的——虽然当然是含蓄
的——攻击。超级保姆是斯宾诺莎主义者，因为她
像斯宾诺莎一样理所当然地认为孩子低人一等，他
们不知利害，不能理解自己行动的原因或（通常是
有害的）后果。但超级保姆面对的问题不在于孩子
的行动或性格——他们只会是白痴般的享乐主义
者，而在于父母。家庭中的大多数痛苦，源于父母
对快乐原则、最小抵抗思路的遵循。这种模式很快
变得常见：父母对安逸生活的追求，使他们同意自
己孩子的一切要求，后者则变得越来越专横。

　　和许多教师或其他在过去所谓的"公共服务"
部门工作的人一样，超级保姆必须解决家庭没法再

解决的社会化问题。"社会性的"超级保姆当然不会去分析个别家庭的问题，而是去考察不断产生同样效果的结构性原因。

问题在于晚期资本主义坚持，或者说依赖这点，即把欲望等同于利益；而过去，育儿却以拒绝利益为基础。在一个"父"的职责概念已被纳入"母"的享乐命令的文化中，看起来，父母若是以任何方式妨碍自己孩子去追求享乐的绝对权利，那他们就是失职。这在一定程度上是这样一个与日俱增的要求——父母双方都得去工作——带来的后果；在这样的状况下，很少和孩子见面的父母往往会倾向于拒绝承担告诉孩子该做什么的"压迫"功能。"守门人"的不作为——他们拒绝为受众做他们已经（看起来）想要的之外的任何事情——在文化生产的层面上使得父母对自己传统角色的否认程度增加了一倍。具体的问题是：如果说回归父的超我——家中的严父，广播电视行业里思[1]式的高

––––––––––

[1] 英国广播公司（BBC）首任总经理约翰·里思，他坚持广播报道要同时考虑各方观点，应当注重诚信和普遍性，并致力公共服务，要报道各领域最好的东西，并且保持高道德水准尤其重要。——译注

傲——既不可能也不可取，那么，我们该怎样超越拒绝挑战或质疑造成的那种单调的、行将就木的从众文化呢？如此宏大的问题当然不可能在这本小书中得到最终回答，下文只能算是回答这个问题的一些起点和建议。不过，简而言之，我相信，斯宾诺莎为思考"无父的家长作风"（paternalism without the father）会是什么模样提供了最好的资源。

众所周知，在《和否定多待一会儿》（*Tarrying with the Negative*）中，齐泽克认为，某种特定的斯宾诺莎主义是晚期资本主义的意识形态。齐泽克相信，斯宾诺莎基于健康概念而拒绝接受伦理学的义务论（deontology）的做法，据说可以和资本主义非道德的情感工程相提并论。这里，著名的例子是斯宾诺莎对堕落神话和法律基础的解读。根据斯宾诺莎的说法，上帝谴责亚当吃了苹果不是因为这个行动是错误的；上帝告诉他不应该食用苹果因为苹果有毒。对齐泽克来说，这戏剧化地表现了父的功能的结束。一个行动不是因为父说它错就错了；父只是说，因为做出那个行动对我们有害，所以它"错"了。在齐泽克看来，斯宾诺莎的这一步以一个切断的施虐行动（阉割的那一刀）剥夺了法律的基础；同时又以一个纯粹自愿选择的行动——在这个行动中主体承担了对一切的责任——否定了对能动性的毫无根据的设定。事实上，斯宾诺莎有大量的资源来分析晚期资本主义的情感机制，即巴勒斯、菲利普·K. 迪克和大卫·柯南伯格描述的那种录像带控制装置——其中，能动性在精神和物理麻醉剂的幻雾中消散了。和巴勒斯一样，斯宾诺莎表明，上瘾绝非异常状况，而是人的标准状态，人习惯性地在（自己和世界的）冻结的图像的奴役下做出反应性、重复性行为。斯宾诺莎表明，自由是只有在我们理解了自己行动的真实原因，抛开使我们陶醉入迷的"令人悲哀的激情"的情况下才能抵达的东西。

无疑，晚期资本主义肯定是通过呼吁（某个版本的）健康来下达它的诸多命令。的确，禁止在公共场所吸烟，在像《人如其食》(*You Are What You Eat*) 那类节目上不停妖魔化工人阶级的饮食方式，这似乎表明我们已经面临一种无父的父治了。不是说吸烟"错"了，而是说吸烟会让我们无法过上漫长而愉快的生活。但这种对良好健康状态的强调也是有局限性的，例如，心理健康和智力发展很少受到重视。相反，我们看到的是一个只注重"感觉上好、看起来好"的简化的享乐的健康模式。告诉人们如何减肥，或如何装饰他们的家，是可以接受的；但要求任何形式的文化改良就是压迫的、精英主义的。第三方可能比你自己更了解自己的利益，这个想法不可能包含所谓的精英主义和压迫性，因为，据推测，吸烟者要么没有意识到自己的利益，要么是不能采取与自己利益相符的行动。不：问题在于，只有某些类型的利益被认为是相关的，因为它们反映了被认为是人们普遍认可的价值。减肥、装饰你的家和提升你的形象属于"共识性的"生活方式。

在注册商网（Register.com）上的一场精彩访谈中，纪录片导演亚当·柯蒂斯（Adam Curtis）认出了这种情感管理机制的轮廓。

如今电视告诉你要感受什么。

它不再告诉你该思考什么。从《东区人》

(*EastEnders*) 到真人秀，你在经历的是人的情感之旅。通过剪辑，它温柔地向你指出，人们认同的感受形式是什么。这种感受形式，我称之为"拥抱，亲吻"。

我是从马克·瑞文希尔（Mark Ravenhill）那里学到这点的，他写过一篇很好的文章。那篇文章说，如果你分析现在的电视节目，那么你就会发现它是一个指导系统——它告诉你谁心情好，谁心情不好。并且，最终，心情不好的人通过一个"拥抱，亲吻"时刻得到了救赎。它实际上并不是一个道德指导系统，而是一个情感指导系统。

道德已经被感受取代了。在"自我的帝国"中，每个人的"感觉都一样"，却又都未能逃过唯我主义的状况。"使人们受苦的"，柯蒂斯称：

是受困于自身——困于一个人人受困于自己的感受、受困于自己的想象的个体主义世界。作为公共服务广播公司，我们的工作是使人超越他们的自我限制，除非我们真的做到这点，否则我们会一直衰落下去。

BBC应该意识到这点。我的看法有些理想主义，但如果BBC能做到这点，能使人超越自我，那么，它将以一种跳过竞争的方式重获新生。竞争执着于服务人们渺小的自我。而实际上，在某种程度上，默多克再有权，也受困于自我。他的工作也只是满足自我而已。

在BBC，这是往前迈出的下一步。不是说我们要回到20世纪50年代，告诉人们该如何着装，我们要做的是"我们能把你从你自己那里解放出来"——人们会喜欢的。

柯蒂斯攻击互联网，因为在他看来，互联网为唯我主义者的社区、心智相投者（他们不会质疑而只会确认彼此的假设和成见）的交互被动网络提供了便利。与在一个充满争议的公共空间中遭遇其他观点相反，这些社区退入了封闭的回路。但柯蒂斯声称，互联网游说对传统媒体的影响，是使媒体阶级能够进一步放弃其教育和领导功能，也使左翼和右翼的民粹主义潮流能够"霸凌"媒体生产者，逼他们制作平庸的、不得罪人的节目。

柯蒂斯的批判有一定道理，但它没有把握到网上发生的事情的一些重要维度。与柯蒂斯关于博客的论述相反，博客能够生成在网络空间外的社会领域中没有相关物的新的话语网络。随着传统媒体日渐为公关所吸纳、消费者报告取代了批评文章，网络空间的一些区域也产生了对一种在其他地方令人沮丧地普遍存在的"临界压缩"的抵抗。不过，总的来说，对后现代媒体的参与的交互被动模拟、MySpace 和 Facebook 的网络自恋生成的内容，主要还是重复的、寄生的、从众的。看似讽刺的是，媒体阶层拒绝家长式作风的结果是，并没有出现一种自下而上的、惊人地多样的文化，反而是一种日渐低幼化的文化。与之形成对照的是，反倒是家长式文化把受众当大人，认为他们能够应对复杂的、在智力上有所要求的文化产品。焦点小组和资本主义反馈系统失败——就算它们打造出无比流行的商品——的原因在于，人们不知道自己想要什么。这不只是因为，人的欲望已经存在但对他们来说隐而不显（尽管情况往往如此）。相反，最强力的欲望恰恰是对奇怪的、出乎意料的、古怪的东西的渴望。只有准备好给人们一点不一样的、与已经让他们满足的东西不同的东西的艺术家和媒体从业人员，也就是说，只有那些准备好冒某种风险的人才能提供这样的东西。超级保姆不只设限，在我们认识不到自己的利益时，它们会采取符合我们利益的行动，它们做好准备冒这样的险，也做好准备在奇怪的东西和我们对那样的东西的胃口上下注。另一个讽刺之处在于，资本主义的"风险社会"反倒比所谓古板、集中化的战后社会共识文化，更不可能去冒这样的险。是公共服务导向的 BBC 广播公司和第四频道用像《锅匠、裁缝、士兵、间谍》、品特[1]戏剧和塔可夫斯基电影季这类节目让我困惑，让我快乐；也是 BBC 广播公司资助了 BBC 无线电音效工作室（BBC Radiophonic Workshop）的大众先锋派，后者把声音实验主义嵌入了日常生活。在公众已然被消费者取代的情况下，这样的创新是不

---

[1] 哈罗德·品特（Harold Pinter），英国荒诞派剧作家、导演。——译注

可想象的。永恒性结构不稳定、"取消长期"带来的后果，总是停滞和保守主义，而非创新。这不矛盾。就像亚当·柯蒂斯上述评论澄清的那样，主导晚期资本主义的情感是恐惧和犬儒。这些情感不会激发大胆的思考或进取精神的飞跃，它们只会滋生从众心理和对最少变化的崇拜，促使人们去生产与已经取得成功的产品极为相似的产品。同时，像前面提到的塔可夫斯基的《飞向太空》（*Solaris*）和《潜行者》（*Stalker*）那样的电影——早在《异形》和《银翼杀手》的时代好莱坞就在争抢这些电影——是在勃列日涅夫时期生产出来的，这意味着，对好莱坞来说，苏联起到了文化创业者的作用。既然现在这点已经很清楚，即文化的活力需要一定程度的稳定，那么，有待提出的问题是：怎样提供、由什么机构来提供这种稳定呢？

左翼早该停止把自己的雄心局限于建立一个大政府了。但"与政权保持距离"并不意味着放弃政权或退入情感和多样性的私人空间，齐泽克正确地指出，这样的做法是新自由主义统治政权的完美补充。它意味着，真正的新左翼的目标，不应该是夺取政权，而是使政权服从公意。这自然就会涉及唤醒"公意"概念，唤醒不可简化为个体及其利益之集合的公共空间理念，并把这个理念现代化。资本主义现实主义世界观的"方法论的个体主义"以马克斯·施蒂纳的哲学、亚当·斯密或哈耶克的哲学为先决条件，因为它视像公众那样的概念为"鬼"（spooks），即无内容的幽灵般的抽象。真实的，只有个体（及其家庭）。这种世界观已失败的症候随处可见：在解体的社会领域中，青少年枪击彼此已经成为常态，医院孵化出攻击性的超级细菌。我们需要做的是，把这个结果和结构性原因关联起来。与后现代主义对宏大叙事的怀疑相反，我们需要重申，这些绝不是孤立的、偶然的问题，它们都有一个系统性原因，即资本。我们需要开始——就像第一次一样——制订策略，以反对把自己呈现为在本体论和地缘政治上无处不在的资本。

2008 年的信贷危机并没有削弱资本主义现实主义，虽然一开始看起来如此（或有这样的希望）。不久之后，资本主义可能处在崩溃边缘的推测很快就被证明毫无根据。很快，这点就变得明显了，即

对银行的救助并不会使资本主义走向末日，相反，
它大规模重申了资本主义现实主义别无选择的坚
持。任由银行系统崩溃被认为是不可想象的，随之
而来的是大量的公共资金落入私人之手。不过，
2008 年的确发生了这样一件事情，那就是，那个
自 20 世纪 70 年代为资本主义积累提供意识形态掩
护的框架崩溃了。在救助银行后，新自由主义在一
切意义上丧失了信用。这不是说，新自由主义一夜
之间消失了；相反，它的假设依然支配着政治经
济，但现在，它不再是一个有自信的前进势头的意
识形态的一部分，而是作为惯性的、不死的默认设
定发挥作用。现在我们可以看到，新自由主义必然
是资本主义现实主义的，资本主义现实主义却未必
是新自由主义的。为自救，资本主义可以重拾社会
民主模式或恢复《人类之子》式的威权主义。在没
有可以替代资本主义的可信、自洽的方案的情况
下，资本主义现实主义将继续统治政治经济的无
意识。

可就算信贷危机不会致使资本主义自行灭
亡——这点现在已经显而易见——但危机还是缓解

了某种精神上的麻木。如今，我们处在随处是亚历克斯·威廉斯（Alex Williams）所谓的"意识形态瓦砾"（ideological rubble）的政治环境之中。又一个元年，对一种即将出现的、不必然与旧的语言和传统相关的新的反资本主义虚位以待。左翼的恶习之一，就在于它老在重复历史上的争论，老是想着跨越卡夫丁峡谷或新经济政策，而不去为它真正相信的未来谋划。先前各种形式的反资本主义政治组织的失败，不应成为绝望的原因，但左翼需要丢掉的是，某种对失败的政治、对被击败的边缘这一舒适位置的浪漫主义的迷恋。信贷危机是一个机会；但需要把它当作巨大的思辨挑战，当作对非回归的重生的激励来对待。就像巴迪欧强力坚持的那样，有效的反资本主义一定是资本的竞争对手，而不是对资本的反动；回归前资本主义地带是不可能的。反资本主义一定会用它自己的本真的普世性来反对资本的全球主义。

必须由真正重获新生的左翼来自信地占领我在这里（以非常临时的方式）概述的新政治领域，这点是至关重要的。没有什么天生是政治的；政治化

要求一个能够把想当然的东西变成可以争夺的东西
的政治行动者。如果说,新自由主义通过吸纳后
"68"工人阶级的欲望获胜,那么,新左翼可以从
资本主义生成却不能满足的欲望入手。比如说,左
翼应该争论说,它可以兑现新自由主义显然不能兑
现的东西:大规模减少官僚主义。我们需要的是一
场围绕工作和谁来控制工作展开的新斗争;主张工
人自主权(而不是由管理层控制)并拒绝某些类
型的劳动(比如说过度审核,它已经成为后福特
主义下工作的核心特征)。这是一场可以打赢的战
争——但只有在形成一个新的政治主体的情况下才
能打赢;至于旧的结构(比如说工会)能不能培养
出这样的主体性,或者说,这样的主体性需不需要
建立全新的政治组织则仍有待回答。我们需要制订
新形式的产业行动策略来反对管理主义。比如说,
就教师和讲师而言,应该放弃罢工的战略,因为它
们只会伤害学生和产业成员(在我曾经工作的学
院,管理人员很欢迎在某天进行罢工,因为他们既
能省下工资,又不会对学院造成实质性干扰)。我
们需要做的是,策略性地撤回那些只有管理人员才

会注意的劳动形式：收回所有那些对实际的教育毫无影响，但对管理主义的存在来说必不可少的自我监督机制。与围绕像巴勒斯坦那样的（高贵）事业搞姿势性的、景观性的政治相反，教师工会是时候往内在的方向发力，抓住危机开启的机会，开始使公共服务摆脱商业本体论。在甚至生意都不能当生意来做的情况下，为什么还要把公共服务当生意呢？

我们必须把普遍的心理健康问题从被医学化的状况转变为有效的对抗。情感障碍是被捕捉到的不满的形式；这种不满可以且必须向外疏导出去，导向其真正的原因——资本。而且，晚期资本主义中某些类型的心理疾病的扩散，证明了某种新的严格节制消费的必要性，而日渐增加的应对环境灾难的迫切性也证明了这点。没有什么，比分配商品和资源的概念更加违背资本主义构成性的增长命令了。然而，令人不安的是，靠消费者的自我监管和市场本身无法应对环境灾难。新的禁欲不但有力比多的理由，也有实践上的理由。奥利弗·詹姆斯、齐泽克和《超级保姆》已经表明，无限许可会导致苦难和不满，那么，限制欲望可能会起到加速而非缓和的作用。无论如何，某种分配是不可避免的。问题是，是要集体地管理这种分配呢，还是（在已经太迟的情况下）通过威权主义手段来强加这种分配。再一次地，这种集体的管理将采取什么形式仍然有待探寻，只有通过实践和实验才能解决这个问题。

我们必须把历史终结的漫漫长夜当作一个巨大的机会来把握。资本主义现实主义压迫性的无处不在意味着，甚至替代性的政治和经济可能性的微光，也会产生超乎寻常的巨大影响。最微小的事件也能在反动的灰幕（在资本主义现实主义下，这个灰幕标志着可能性的地平线）上撕出一个洞。在什么都不可能发生的情况下，突然一切又变得可能了。

逃逸的 K‑PUNK[1]

西蒙·哈蒙德　撰

也许，英国作家和文化批评家马克·费舍依然以其尖锐的处女作《资本主义现实主义》（2009）闻名于世。[2] 作为一家"造反"的出版商出版的"第一本书"，它在出版后意外地大获成功，被翻译为多门语言。它对新自由主义想象视域萎缩的批判，是在繁荣时期市场胜利论的喧嚣声中提出的——费舍在他的小众（cult）博客 K-punk 上发展且演练了这一批判——但这本书是在一个截然不同的语境中问世的，当时世界刚从金融危机中回过神来。那是

[1] Simon Hammond, "K‑PUNK AT LARGE", NLR 118, July‑August 2019. ——译注

[2] 我要感谢安格斯·卡莱尔（Angus Carlyle）、弗德里科·坎帕尼亚（Federico Campagna）、威廉·戴维斯（William Davis）、杰里米·吉尔伯特（Jeremy Gilbert）、塔里克·戈达德、欧文·哈瑟利、萨迪·普兰特（Sadie Plant）和尼娜·鲍尔（Nina Power）帮助我完成费舍生平故事的拼图。不必说，文中的一切错误由我负责。

一个恰当的时机。就像费舍在他的诊断中强调的那样，危机的结果是双面的，在质疑系统的同时，又因为政府的回应而看起来只是确认了除它之外别无选择。在英国，事态发展将使局面变得更加复杂：第二年，保守党再度掌权，不久之后，紧缩措施引发了新一波的异议。在这个节点上，费舍也成了被激发的环境的一部分（虽然他主要还是一位文化理论家），在更加动荡的气候中，成为英国左翼中一个远离中心却颇有影响力的存在。

可在随后的议会左翼复兴之后，费舍又停止了表达并很快陷入沉默。他在《资本主义现实主义》后出版了第二本书，《我的生活的幽灵》（2014）；并在 2017 年 1 月轻生（当时他才 48 岁）前不久出版了第三本书，《古怪和怪异》（*The Weird and Eerie*，2016）。他的死可能因为时机而显得甚至更加具有悲剧性：从个人的角度来看，当时他在一系列临时的、不稳定的教学工作之后，终于找到了一个相对安稳的教职，来照顾他深爱的伴侣和儿子；从政治的角度来看，心理疾病不但使他没法参与他一直渴望的变革，最终更是使他无法见证科尔宾主义在那年夏天的提前选举中崛起。在他死后，他的朋友和战友的一系列回忆为我们勾勒了费舍作为一个人与一名作家的动人且往往具有启蒙气质的肖像。[1]但迄今为止，似乎还没有人持续努力地把他的作品放到更广泛的文化批评的语境中去理解。*K - Punk*——一部庞大的、在费舍身后编辑出版的短篇作品集，包括他的博客帖子、正式发表的文章、论说文和其他材料——的出版提供了一个全面评述他的成就的机会。[2]

作为起点，拿费舍的思想和上一代最重要的文化理论家之一斯图亚特·霍尔的思想来比较，可能是有用的。二者都是极有天赋的左翼作家，他们都对最广泛意义上的英国文化和造成该文化现状的条件做出了深刻的诊断：霍尔分析了撒切尔的霸权为

---

[1] 参见 Alex Niven, 'Mark Fisher, 1968 - 2017', *Jacobin*, 19 January 2017; Owen Hatherley, 'Writing of a sort that wasn't supposed to exist anymore', *Ceasefire*, 17 January 2017; Jeremy Gilbert, 'My Friend Mark', posted 11 March 2017 on the blog, jeremygilbertwriting。

[2] Mark Fisher, *K - Punk*: *The Collected and Unpublished Writings of Mark Fisher* (2004 - 2016), ed. Darren Ambrose, London 2018，下文简称 KP。

什么会成为英国资本主义困境的"解决方案"的基础；费舍描绘了新工党统治下撒切尔主义之巩固所造就的风景。两者都为（寻找）费舍所描绘的"其他可能性"、其他世界的"踪迹"而对大众文化（用霍尔的术语来说，即"大众艺术"）进行解读。霍尔谈到把细读批评的程序应用于大众作品，以区分真正有质量的作品和虚有其表的作品。价值上的区分对费舍关于当代音乐的创作来说也是至关重要的。[1] 两者都是局外人，只是方式不同。霍尔生于牙买加，来自一个有仆人的体面中产阶级家庭；他于 20 世纪 50 年代以罗德奖学金获得者的身份来到伦敦，当时那里的旅馆窗子上还挂着"禁止黑人入住"的牌子。费舍的东米德兰兹工人阶级出身也给了他一个局外人的有利视角；虽然在地理上离大都会更近，他的背景却给了他一种更加本能、更加持久的疏离和边缘感。两者都把教学和对左翼文化的介入结合起来：霍尔的阵地是《大学与左翼评

---

[1] Mark Fisher, *Ghosts of My Life: Writings on Depression, Hauntology and Lost Futures*, London 2014, p. 29; Stuart Hall and Paddy Whannel, *The Popular Arts*, London 1964, pp. 22, 37 - 44.

论》(*Universities and Left Review*)、《新左翼评论》(*NLR*)、《今日马克思主义》（*Marxism Today*）和《发声》(*Soundings*)；对费舍来说，则是博客圈和他与塔里克·戈达德及其他朋友一起创办的独立出版公司 Zer0，它后来的化身"重复者"(Repeater)，以及不那么直接相关的《静音》(*Mute*)、《导线》和"指南针"(Compass) 网站。

他们之间形成鲜明对照的地方，恰恰与他们的研究主题——文化的轨迹——的一致形成对照。霍尔生于 1932 年，在一个对左翼来说乐观向上、可能性不断扩大的时代成年。当时英国经济正处于战后增长的顶峰，福利国家崭新而闪亮，充满了生机，工会的权力如日中天。英国工人阶级流行音乐——披头士乐队、滚石乐队、谁人乐队——在国际上取得的巨大成功为这一时期注入了文化活力，同时，作为崭露头角的青年文化的一部分，戏剧、电视和电影中也开始出现各种各样的实验作品。大学、理工学院和艺术学校都在扩招。20 世纪 50 年代末，霍尔放弃了他在牛津大学关于亨利·詹姆斯的学位论文，转而为左翼杂

志工作，并先于伦敦一所男子中等技术学校
（secondary-modern school）——处于由等级定义的
系统的最底层——教英语，后来在切尔西技术学院
教电影。[1] 在霍尔与帕迪·沃内尔合著的试图把
电影和爵士乐纳入学校课程的《大众艺术》（*The
Popular Arts*）的基础上，1964 年，理查德·霍加
特将霍尔聘为新成立的伯明翰大学当代文化研究中
心的研究员，并在一开始，亲自掏腰包给他开工
资。在霍加特去联合国教科文组织后，霍尔出任中
心主任，直到 1979 年担任开放大学社会学教授。
他得益于持续的制度支持，并且作为一名电视时代的
公共知识分子，频繁地参与全国性对话。

费舍生于 1968 年，在一个后来被他有力地描
述为紧缩与瓦解时代的时期长大。他的成长的决定
因素是，他在青少年时期经历了两个时代的转折：
世界经济由长期繁荣转向长期低迷，战后的解决方

---

[1] 霍尔说在中等技术学校教书的"经历让人清醒"，使他"敏锐
    地意识到正式教育的规范和预期，与儿童和年轻人所处的真
    实世界的复杂性之间的冲突"。这段经历也影响了他在伯明翰
    大学主持的青少年亚文化研究工作。Hall and Whannel, *The
    Popular Arts*, p. 13。

案也因此陷入危机。他没有明确说自己依据什么确切的参数来划分这两个时代，但在他那里，时代之分一直是明确的：他在一篇关于后朋克乐队快乐小分队之压抑的声音的论说文中写道："1979—1980年是一个门槛时刻——这时，整个世界（社会民主的、福特主义的、工业的）变得过时，一个新世界（新自由主义的、消费主义的、信息的）的轮廓开始出现。"[1] 在撒切尔经济政策的摧残下，失业率越来越高，社会也越来越不安全；工会被压制，紧缩和市场化成为永久条件，大学承受着无情的压力。日渐商业化和垄断化的大众文化风景主宰着支离破碎的亚文化场景；而在后者那里，阶级和文化也在很大程度上断开了联系。与霍尔形成鲜明对照的是，费舍本人就是一名亚文化知名人士，就其与制度的关系、其受众、其选择的形式及其讨论的诸多文化现象而言。在工作不稳定的情况下，最终，是互联网让他得以写作，他获得的声誉主要在学界外，并且没有引起主流媒体的关注。他的作品，就

---

[1] Fisher, *Ghosts of My Life*, p. 50.

其引起的情感投入而言，也有亚文化的特征。它们像后朋克和电子乐一样激发了一群追随者，而后朋克和电子乐也是其批评的主战场。

他们在新自由主义复辟的不同阶段工作——对二者来说，这都是消耗他们精力的政治现实。在他们各自关于新自由主义之复兴、模态、影响和持久性的独特思考中，文化都被赋予了首要地位，它既是最重要的分析工具，也是其猜想的最重要的实质内容。更显著的是，他们提出的反对，都有明确的现代化特征：他们主要关注的是适应时代变化的需要，而他们的批评针对的是，在他们看来，左翼在理解时代特征并制订适当对策上的失败。作为工党的左翼批评者，二者都试图在工党下野期间影响它的方向，霍尔在 20 世纪 80 年代和 90 年代初保守党的统治下活动，而费舍则活跃于后来从 2010 年开始一直持续至今的那个时期。事实上，费舍与霍尔的作品最明显的联系，就是在这个相似的、介入议会政治和政治变革的可行性的过程中产生的，费舍不但向霍尔致敬，还称赞了霍尔的诊断和他开出的处方具有持久的现实意义。费舍以文化研究的对手的身份开始自己的智识生活，并因此在发展轨迹上和霍尔保持了一定距离。但在生命的最后几年，费舍找到了和他的前辈相同的事业。

来自米德兰兹的男孩

准确来说，费舍来自莱斯特郡。他生于莱斯特，在一座名叫拉夫堡的半工业小城长大。费舍出身于一个信奉保守主义哲学，但不与保守党绑定的（small-c conservative）家庭，父亲是当地一家公司的工程师，母亲是一名清洁工。他在当地的综合学校上学，接受的是——根据他后来的回忆——一种"中庸沉闷"的教育。在谈到自己成长时期的政治经验时，费舍提到 1983 年工党在选举中的溃败让他"感到彻底失败的痛苦"，并坦承自己一想起两年后矿工罢工失败的那天就"忍不住潸然泪下"。[1]

---

[1] Blog, 'Don't Vote, Don't Encourage Them', 4 May 2005, KP, p. 429; 'Test Dept: Where Leftist Idealism and Popular Modernism Collide', *Frieze*, 25 September 2015, KP, p. 416.

但文化一开始就躲过了撒切尔的摧残。在费舍的青少年时期，英国的音乐杂志蓬勃发展。《新音乐速递》（*New Musical Express*）上的伊安·彭曼（Ian Penman）和保罗·莫利（Paul Morley）都是自学成才的知识分子，他们关于音乐文化的热情洋溢、思想严谨的写作，以频繁、混杂地大量使用欧陆理论和哲学而闻名，是费舍早年和毕生的榜样。费舍后来反思："虽然没有什么可歌可泣的故事，但对我这样出身的人来说，很难想象还能从哪里培养出那样的兴趣。"[1]

这种激动人心的音乐写作在时间上与英国电视的最后繁荣暗合，当时为拓展另类广播业务而建立的 BBC 第二电视台和英国第四频道正在相互竞争。费舍记得自己正是通过它们的深夜档节目接触到欧洲艺术电影的。他的作品中也经常提到初次遇见那些作品带来的冲击力："在更晚的年纪，书、唱片和电影还有没有可能再次对人产生像在 14 到 17 岁

---

[1] Blog, 'Why K?', 16 April 2005, KP, p. 31.

时那样的影响?"[1] 他经常为文化基础设施的衰败
和文化的倒退而哀叹不已。他觉得是这些文化的基
础设施给了他机会——他后来的各种计划，都努力
在亚文化中复制那些基础设施。并且在他看来，文
化的倒退和社会、政治的倒退是相连的。

在 1986 年到 1989 年间，费舍在赫尔大学学习
文学和哲学。这所大学也不是精英教育的堡垒，但
费舍——虽然和志同道合的朋友一起凭兴趣经营着
一家俱乐部的晚间和深夜广播节目，但他也为大学
的艺术杂志写稿——体会到了理查德·霍加特在大
名鼎鼎的《识字的用途》（*The Uses of Literacy*）
中分析的那种社会错位。多年后，他在博客上描述
了这种错位引起的"愤怒和疏离"。他指出，就他
而言，那是一种双重的错位，一种被社会与经济变

---

[1] Blog, 'Book Meme', 28 June 2005, KP, p. 38. 费舍也回忆了
在电视上看到霍尔的情景："对像我这样的人——生于 1968
年，被公共广播，被音乐报刊上引用德里达和鲍德里亚的自
学成才者，被后朋克和它提到的诸多艺术、文学、实验电影
典故吸引进入理论——来说，霍尔作为 BBC 的门面和代言人
这件事情似乎并没有什么特别之处"——但"即将抹杀使他
能够在主流媒体上占有一席之地的那种文化的势力已经在活动
了"，见 Fisher, *The Stuart Hall Project*, BFI 2014, pp. 1-2。

化加重的错位："就算我留在自己的故乡，我也不可能继续留在那个'根深蒂固的工人阶级世界'中了，因为它已不复存在。"[1] 2014 年，一篇文章的开头也提到了这一时期。他说，自己在离家后逐渐丢掉了东米德兰兹口音，这个成就让他"纠结和羞愧不已"。[2] 一种持续的漂泊感塑造了他与制度的关系。

从赫尔大学毕业之后，费舍到曼彻斯特待了一段时间，打过几份零工，玩过乐队，并通过学习取得了教师文凭。1992 年，他在这里参加了萨迪·普兰特的一次讲座［根据普兰特的回忆，讲座的主题是凯西·阿克（Kathy Acker）］，并由此开启了他人生的下一个阶段。普兰特当时才 28 岁，任教于伯明翰重组后的文化研究系。费舍开始在普兰特的指导下于该系攻读硕士学位。这时，霍尔在伯明翰任教的光辉岁月早就结束了；到 20 世纪 90 年代，伯明翰大学当代文化研究中心已经失去了它的

---

[1] Blog, 'Can't Stay Long', 10 February 2008 (没有收入 KP)。

[2] 'Review: Sleaford Mods' *Divide and Exit* and *Chubbed Up: The Singles Collection*', *Wire*, April 2014, KP, p. 411.

智识活力,转变为一个负有行政责任的系所。它所开创的那门更加广泛的学科(即文化研究)也在很大程度上失去了批判的锋芒,并在某些情况下,沦落到单纯赞美市场多样性的地步。[1] 而普兰特的第一本书——一部关于后现代主义者与他们厌恶的革命情境主义概念纠葛的批判思想史——和她新的、关于控制论与激进未来的颠覆之作,也都和当时的文化研究不太一样。[2] 在 1995 年普兰特被华威大学聘为资深研究员时,费舍和其他许多研究生一起,同她一道离开了伯明翰文化研究系——用费舍后来的话说就是,厌恶地逃跑了。在他们的新环境中,"文化研究"(cultstuds)被贬低为有气无力的智识建制的一部分。

---

[1] 霍尔本人在 20 世纪 90 年代就对这个趋势提出了警告,他提醒自己的继任者,大众文化也是"商品化的典型场景",见 Stuart Hall, 'What Is this "Black" in Black Popular Culture?', in David Morley and Kuan-Hsing Chen, eds, *Stuart Hall: Critical Dialogues in Cultural Studies*, London 1996, p. 469。

[2] Sadie Plant, *The Most Radical Gesture: The Situationist International in a Postmodern Age*, London 1992;她的赛博格-女性主义著作《零和一》(*Zer0s and Ones*)于 1997 年问世。

在加速主义者之中

在华威大学，普兰特和一个围绕哲学系一位年轻讲师、她的朋友兼合作者尼克·兰德形成的团体一起，建立了一个控制论文化研究小组。后来被费舍描述为"我们的尼采"的兰德是《渴望毁灭：乔治·巴塔耶与恶毒的虚无主义》（*The Thirst for An-nihilation: George Bataille and Virulent Nihilism*，1992）的作者。与普兰特形成鲜明对照的是，兰德从来没有效忠过左翼。费舍在多个场合写到他与兰德"带来混乱的相遇"，兰德的写作和观念带来的与诸多古板学术作品形成鲜明对照的刺激，以及兰德把电影和小说与理论和哲学交织到一起的做法给他带来的启发。费舍在 2012 年的一篇论说文中回顾了兰德在这些年生产的那些"出色的反叛文本"，他认为，这些文本"理论-虚构的挑衅"（theory-fictional provocations）依然提供了一种具有生产力的对抗。[1]

---

[1] Fisher, 'Nick Land: Mind Games', *Dazed and Confused*, May 2011; Fisher, 'Post-Capitalist Desire', in Federico Campagna and Emanuele Campiglio, eds, *What We Are Fighting For: A Radical Collective Manifesto*, London 2012, p. 132.

利用利奥塔的《力比多经济》和德勒兹与加塔利的
《资本主义与精神分裂》，以及丛林音乐和赛博朋克
小说，控制论文化研究小组的狂乱写作引出了一种
对资本主义的动态、激进能量的加速主义的接受；
费舍后来谈到了他们"激烈的反政治"。[1] 在华威
大学形成的这个派系不仅反对文化研究（对现实）
的退让和时下流行的对学院后现代主义的扭曲，也
反对迷失方向的左翼的各种范式和虔诚。[2]

　　1997 年，在普兰特离职投身自由写作后，兰
德接管控制论文化研究小组并成为该小组的主持
人。在他的指导下，小组的研究方向变得更加神
秘。他们吸收了来自数学、科学、神秘主义和超自
然思想的各种元素，而这一切，是为了欢快地、以
一种充满科幻色彩的方式来赞美市场，资本更是被

---

[1]　'They Can Be Different in the Future Too: Interviewed by
Rowan Wilson for *Ready Steady Book* (2010) ', KP, p. 629.

[2]　"异化曾被用来诊断人变得异于自己的境况，它提供了一种依
然许诺康复的预后"，普兰特和兰德在 1995 年写道。"那套说
法不成立了。现在我们都是外来的了，不再异化，本身就是
异客，只是因为被欺骗才维持着对熵的传统的摇摇欲坠的忠
诚"，见 'Cyberpositive', in Robin Mackay and Armen Avan-
essian, eds, ♯ *Accelerate: The Accelerationist Reader*, Fal-
mouth 2014, p. 308。

他们誉为历史的真正主体（agent）："因此，机器
革命必须向与有社会主义倾向的调控相反的方向发
展；朝使那些正在瓦解社会场域的进程进一步不受
限制地市场化的方向用力。"[1] 除新技术和随之而
来的文化形式的迅猛发展外，控制论文化研究小组
所处的时代背景还包括后冷战、技术泡沫的非理性
繁荣、福利国家和劳工运动的解体。在这样的环境
下，无疑，相较于衰败和没落的叙事，对未来的美
好憧憬更能吸引费舍，这是一种对他成长岁月的
损失的弥补。他的博士论文，把赛博朋克的开创
性作品当作对反人文主义哲学的贡献来分析的
《平线结构：哥特唯物主义与控制论的理论-虚构》
（ "Flatline Constructs：Gothic Materialism and Cy-
bernetic Theory-Fiction"） 就是一个例子，它很好
地展示了控制论文化研究小组关心的问题。

    小组的成立在时间上与费舍首次涉足出版契
合。这些作品进一步体现了这个小圈子未来主义的
文化政治学，后者从雷德利·斯科特的《银翼杀
手》和威廉·吉布森的《神经漫游者》，以及英国

---

[1] Nick Land, 'Machinic Desire', *Textual Practice*, vol. 7, no.
    3, 1993, p. 480.

电子乐的最新变异中汲取灵感。费舍为《新政治家》（*New Statesman*）写的一篇文章谴责英国流行乐是"独立反动派"（不久之后，这场运动的领军人物站到了唐宁街，在托尼·布莱尔身边露齿而笑），并在他们的作品中发现了一种关于在面向未来的电子乐场景中缺失的当下的悲观主义。他为《连线》（*Wired*）写的一篇文章则称赞电子乐作品通过使用新技术，在公司结构外就可以运作。费舍把这个跳出公司结构的变动描述为"赛博朋克临界质量"的进化。[1] 这个变动的政治意义在他为《新政治家》写的一篇更长的文章中得到了最为清晰的解释。他在文中赞美"暗面"（darkside，或译为暗核/暗面硬核）这种亚音乐类型，认为这种音乐"通过以一种激进的无产阶级的方式，把极度活跃的节拍、阴森可怖的采样和不祥的电子乐拼贴到一起"，找到了"一套形容黑暗时代的词汇"。费舍通过经典的控制论文化研究小组式的"盗用"来赞美这种黑暗对未来的暗示。认为20世纪90年代的变革"一定是有害的"就是"相信社会主义者和保守党人

---

[1] Fisher, 'Indie reactionaries', *New Statesman*, 7 July 1995；Fisher, 'Beyond the Face', *Wired*, June 1995.

还在兜售的那个老故事":"我们的恐惧可能只是旧秩
序死亡的剧痛。谁知道新秩序会带来什么呢?"[1]

　　如果说控制论文化研究小组早期和霍尔与霍加
特的当代文化研究中心还有一些共同之处:都由一
群教师和研究生组成,他们秉持着跨学科和合作的
精神工作,受欧陆理论和新文化潮流的一些支流影
响,并以一种急速变化的感觉为导向;那么,华威
大学这个研究小组的发展轨迹则正好与伯明翰大学
当代文化研究中心的相反。在普兰特离开后,华威
大学哲学系便不再承认控制论文化研究小组。1997
年,小组在事实上切断了与华威大学的联系并搬到利
明顿温泉,在美体小铺(The Body Shop)楼上租了
几个房间,并在三年后解散。[2] 这两个单位所处的
制度文化也不一样。当代文化研究中心是在大学在

---

[1] Fisher, 'Hello darkness, our new friend', *New Statesman*,
11 March 1994.

[2] 音乐记者西蒙·雷诺兹在 1999 年受《通用语》(*Lingua
Franca*) 杂志委托撰写一篇文章。在这篇文章里,在对控制
论文化研究小组的生动描述中,他提到了费舍,说他是"一
个眉清目秀的年轻人,说话时有种急于传播自己观点的迫切,
不断打出激动的手势"。这篇文章因为《通用语》的停刊而未
能发表,见 'Renegade Academia: The Cybernetic Culture Re-
search Unit', published on Reynolds's blog Energy Flash, 3
November 2009。

"福利国家文化传播模式"下发展的时期，在教育机构不断扩张、教学制度不断自由化的时代出现的。[1] 所有这些，都随 20 世纪 80 年代撒切尔的干预戛然而止：大学的开支遭到大幅削减；经费与目标和改革挂钩；"研究评估活动"也变成了强制性的。如今，市场规律和知识的制度化成为时代潮流。在这种恶劣的气候下，控制论文化研究小组有意构造的秘传形态——这样的形态把它和它眼中学院令人窒息的限制对立起来——注定不可能长久。兰德离开学院，最终在上海找到一个栖身之地，在那里，他的虚无主义的反人文主义将与网上硬核右翼最极端的派系融合。

未来的曲线

费舍则在政治上走向了相反的方向。控制论文化研究小组时期留给他的，首先是一种对资本主义

---

[1] 见 Stefan Collini, *What Are Universities For?*, London 2012, pp. 33, 22。

的理解——资本主义是当下无法回避的现实——和一种对未来的坚定承诺。后来，这种承诺又变成了一种想让左翼夺回现代性衣钵，使未来摆脱新自由主义掌控的意志。他在 2010 年的一次访谈中说："把后福特主义的路走到头，保持向前看是必要的，尤其是在前面似乎什么也没有的时候。"[1] 他的作品的独特感受力便是由这种未来主义和一种强烈的失落感——他青年时期的情感结构、社会民主文化（他已经见证了这种文化的濒死挣扎）的失落——结合而成的。

就此而言，费舍的活动，和霍尔在同一时期的活动有一个潜在的共同之处：在后者那里，"新时代"的想象同样是为了扫除旧思想。在《艰难的更新之路》（*The Hard Road to Renewal*）里的具有先见之明的分析中，霍尔是这样定义撒切尔主义的：它"在右翼那边开启了一个新的政治计划——建构了一个新的议程"，这个议程要求左翼

---

[1] Interview with Rowan Wilson, KP, pp. 633 - 4.

进行甚至更加广泛的现代化。[1] 对霍尔来说，回到葛兰西在 1917—1924 年革命浪潮失败之后的思考的意义就在于此——不是"让他来为我们思考"，而是因为葛兰西提出了更新的左翼需要解决的那些问题，"把我们的注意力坚定不移地引向此刻的具体情况"——"不同势力是怎样合力创造出新地形的，一种（与以往）不同的政治必须在这个新地形上形成"。[2] 当然，霍尔的思想在构造上着眼于历史，并且虽然在观点上是阿尔都塞-人文主义的；而费舍的情况则正好相反：控制论文化研究小组主要关注的是把反人文主义哲学和新兴的网络文化结合起来，他们对历史的发展兴趣不大。但二者都深入研究了"新"的问题，并且随着研究的深入，费舍——他的地形首先是大众文化，尤其是音乐，而非政治场域——也日益涉足历史变革的问题。

───────────

[1] 霍尔写道，撒切尔主义的计划"不只是要指挥国家机器"——的确，在早期阶段是，它的目的就是反对在撒切尔主义者看来深受凯恩斯主义腐蚀的国家。甚至可以说，它的计划是"为重构社会而改造国家"。见 Stuart Hall, 'Gramsci and Us', *The Hard Road to Renewal: Thatcherism and the Crisis of the Left*, London and New York 1988, p. 163。

[2] Stuart Hall, 'Gramsci and Us', pp. 162 - 163.

找到媒介

在读完博士后，费舍搬到伦敦，定居在它的南部边缘地区。看起来，费舍选择在首都郊区生活和工作，既是出于他的性情，也是因为那里的资源。都市外地域和在郊区、地区形成的创新的文化意义，将是其批评的一大主题。他后来指出——这里面没有把事情浪漫化的意思，恰恰相反——苏可西与女妖乐队（Siouxsie and the Banshees）和大卫·鲍伊来自伦敦南部郊区的布罗姆利；同样被他列为经典的 Japan 乐队来自附近的卡特福德；在 K-punk 上出现得最频繁的"边缘是未来显现之地"那句名言的作者巴拉德则住在更远的谢珀顿。

2003 年，在一次抑郁症发作期间，费舍创建了博客 K-punk。从青少年时期起，抑郁症的"恶灵"就一直纠缠着他，在它最近一次发作的影响下，他觉得生活"不堪忍受"，而那个博客提供了他"与世界的唯一联系"。[1] 既是博客名称又是人

---

[1] *Ghosts of My Life*, p. 28; Blog, 'One Year Later …', 17 May 2004, KP, p. 693.

格面具的 K-punk 里的 "K" 源于希腊语的 κυβερ，即广义的，不只作为类型，也是一种新技术推动的更广泛的社会和文化趋势的 "赛博"（cyber）。它对文化和观念的深刻反思很快就赢得了一批忠实的追随者。费舍在保留控制论文化研究小组的反对精神及其与大众文化拼接的高理论语言风格的同时，放弃了它——根据他后来的说法——"铺天盖地的让人头疼的黑话"。[1] 他在政治上的进化也带来了其他的、更加渐进式的变化。一种从个体走向集体、在原子化的时代重新点燃团结之火的欲望日益激发着费舍的思想。在新文集 K-punk 中收录的最早的博客文章中还可以看到控制论文化研究小组粗暴风格的残余；控制论文化研究小组还留下了一个更加长久的、不那么显眼的修辞方式的遗产，比如说，用科幻小说的腔调说话，以一种像诗一样的奔放来呈现意识形态、阶级和社会变革的运作，这也是兰德作品的特色。同时，"当代"的速度让费舍产生的兴奋感，也在新工党时代的荒漠中逐渐消

---

[1] Interview with Rowan Wilson, KP, p. 629.

退，取而代之的，是一种对文化和政治的停滞的
关注。

通过 K-punk，费舍成为一个网上半阴影地带
的核心固定人物，这个地带由工作不稳定的青年知
识分子组成。他们的博客网络为关于音乐、电影、
理论、哲学和政治的激烈讨论提供了一个论坛；博
客这种形式适合即兴的且经常是实验性的写作和思
考。对费舍来说，这代表着在地下重新再现他年轻
时流行的新闻基础设施；根据费舍新文集 *K-punk*
的序作者西蒙·雷诺兹的描述，它是"流亡中的音
乐报刊"。[1] 在《新音乐速递》或《旋律制造者》
（*Melody Maker*）的鼎盛时期，因为年纪太小而不
能为它们写作的费舍在某种意义上是一个与自己时
代脱节的人物，他是一个在恶劣环境中成长起来的
知识分子。也许，《新政治家》（费舍最早的一批文
章就是为这本杂志写的）为他敞开的大门没过多久
就关闭了这件事情也很典型；在新编辑的领导下，
它成了新工党实际上的内部刊物。和"很老的媒

---

[1] Simon Reynolds, 'Foreword', KP, p. 16.

体"剑拔弩张的关系，也变成一个在他博客上间歇
出现的主题；但在这里，在不受编辑控制的情况
下，他可以处理他自己选择的一系列兼收并蓄的主
题，从巴勒斯到斯宾诺莎，从伦敦恐袭到色情
片。[1] 在政治上，费舍可以表现得远比霍尔野蛮。
2005 年，在质疑给布莱尔投票的必要性的时候，
他问道："可霍华德领导下的保守党引发什么样的
威胁？他们会悬置人身保护法吗？他们不能，'拖
泥'（Toneeeeee，指布莱尔）已经这么做了。他
们会在移民问题上无耻而又可耻地迎合议会右边座
位上的那些人吗？好吧，会，但那小丑般歇斯底里
的脸也已经在这么做了。"[2] 在音乐上，他的视
野从新发行的作品，扩大到 20 世纪 60 年代后创新
的谱系——从华丽摇滚（Glam）、朋克、后朋
克、新浪漫主义和哥特摇滚，到"一系列连续发展
的硬核"（hardcore continuum）电子舞曲：从锐舞
（rave），到丛林舞曲（jungle）和两步舞曲（two-
step）。他贪婪地阅读包括鲍德里亚、巴拉德、詹

---

[1] Blog, 'Choose Your Weapons', 12 August 2007, KP, p. 354.
[2] 'Don't Vote, Don't Encourage Them', KP, p. 429.

姆逊、萨特、福山、凡勃仑、康德在内一众理论家
的作品。他对齐泽克尤其感兴趣，后者使用的概念
材料和控制论文化研究小组相同，但从左翼的视角
出发。他 2004 年在《静音》上发表一篇评论，称
赞齐泽克关于反恐战争的书"即刻对时下最紧迫的
地缘政治问题做出反应"并"完美地展示了理论可
以做什么"。[1]

在这个时期，费舍断断续续地从事延续教育，
他干得最长的一份工作，是在伦敦的另一个郊区奥
尔平顿。这又和之前左翼知识分子的经历形成了鲜
明的代际对照，后者的成长时期是在不受大学系统
约束的成人教育中度过的。对爱德华·汤普森和雷
蒙德·威廉斯来说，这意味着历史上和劳工运动相
关的校外工人教育协会（the extra-mural Workers'
Education Association）。费舍在国家系统的一个下
级部门给 16—19 岁的学生上课。这些意志消沉的
学生趴在桌子上，读几句话都吃力。费舍在 K-

----

[1] Fisher, 'The Big Other & "Unknown Knowns" ', *Mute*, 22
      July 2004, 这篇文章评论了齐泽克的《欢迎来到真实的荒漠》
      (*Welcome to the Desert of the Real*) 和《伊拉克：借来的壶》
      (*Iraq：The Borrowed Kettle*)。

punk 创建初期接受的一次访谈中承认，这是"艰难而具有挑战性的工作"，但他不认为自己的岗位比"真正的"学术岗低级。[1] 这段经历也促使费舍变得激进，根据他后来的说法，它起到了帮助他重新调整自己政治立场的作用。就在同一时期，这个部门的新自由主义改革也得到了落实。他在博客中记录了对工作环境的反思：雇佣日渐临时化，对因病而无法工作的人的惩罚措施层出不穷，讲师被解雇、被迫重新申请工作，强加给每个人的目标越来越多；哀叹了这些机构的堕落，在历史上，这些机构曾为和他背景相似的人提供另类的教育。[2]

一份新的宣言

这些变化将在《资本主义现实主义》的阐述中占中心地位。费舍在 K-punk 上频繁使用的这个术

---

[1] Blog, 'Why K?', KP, p. 32.
[2] Blog, 'Spectres of Marker and the Reality of the Third Way', 18 February 2006, KP, p. 163.

语在书中被定义为"这样一种普遍的感觉：资本主义不但是西方唯一可行的政治经济系统，而且，如今，就连给它想象一个合乎逻辑的替代选择也不可能了"。[1] 从这种观点来看，未来没有带来任何新的东西。引人注目的术语也是这部作品的显著特点之一：既包括书名本身，也包括书中新造的、另作他用的各种术语——商业本体论、压力的私人化等。把大众文化当作证据和案例来使用，是本书的另一特点。《资本主义现实主义》从对阿方索·卡隆根据 P. D. 詹姆斯的反乌托邦小说改编的电影《人类之子》的精妙解读开始：一个灾难性的事件导致大规模的不育，（人类）不会再有新的后代。费舍以隐喻的方式，把这解读为另一种焦虑的错位：在没有新东西的情况下，文化能持续多久？对 T. S. 艾略特——不育也是《荒原》的一个主题——来说，新的缺失也夺走了我们的过去：在不再被争议和修订的情况下，传统什么也不是。

费舍承认，"资本主义现实主义"可被归入詹

---

[1] Mark Fisher, *Capitalist Realism: Is There No Alternative?*, London 2009, p. 2.

姆逊关于作为晚期资本主义的"文化逻辑"的后现代主义的构想。这种构想也强调了未来的失败。但他认为，在一代人之后，詹姆逊分析的那些过程已经恶化得如此严重，以至于在本质上发生了变化。费舍具体提出了三点。首先，当詹姆逊在 20 世纪 80 年代中期写到后现代主义的时候，政治上的替代选择——苏联阵营、有组织的劳工——在名义上依然存在；21 世纪带来了一种更深刻、更普遍的文化和政治的不育感。其次，詹姆逊描述的后现代主义还在与现代主义斗争，以"多样性"和"复元性"的名义对现代主义发动攻击。到 2008 年，这场战斗已经打赢很久了——"资本主义现实主义不再上演那种与现代主义的对抗"。再次，在不存在"外部"的情况下，资本主义不是吸纳，而是"预纳"、预先设计和塑造人们的欲望和渴望。像"另类"和"独立"那样的术语不再指主流文化之外的某种东西；相反，它们就是主流风格。[1]

讽刺的是，在 20 世纪 80 年代，"资本主义现

---

[1] *Capitalist Realism*, pp. 7 - 9.

实主义"这个概念曾被用来指与苏联艺术相对的、美国广告的视觉世界。对费舍来说,它"更像是一种无处不在的氛围,不只影响了文化的生产,也影响了对工作和教育的管制,并且起到了某种约束思想与行动的不可见的屏障的作用"。那么,怎样与之斗争?费舍对另类全球化运动(the alter-globo movement)不屑一顾——它的 G7 抗议"对资本主义现实主义来说"只是"一种狂欢节式的背景噪音",它做的也只是大声提出一系列并不指望得到满足的要求而已——同时,法国学生试图阻挡自由主义改革的防御性的"止动"也未能提供一条出路。有效的挑战必须从展示资本主义表面上的"现实主义"根本就不是那回事开始。这里费舍借鉴了齐泽克和阿伦卡·祖潘契奇发展的意识形态理论。祖潘契奇写过:"'现实原则'构成了意识形态的最高形式","即把自己呈现为经验事实的意识形态"——确切来说即我们倾向于认为是非意识形态的"常识"。费舍解释说,意识形态通过使自己自然化而占据支配地位,这样它的观点才会被认为是既定事实而非具体的利益或价值的表达。资本主义现实主义致力于消除伦理价值这个范畴本身，并代之以一种"生意本体论"，在后者的框架内这点不言自明，即社会中的一切，包括医疗保健和教育，都应该当作生意来做。激进政治的目标是，揭露被作为自然秩序的"生意"的表象之下所隐藏的偶然。一个策略——费舍利用齐泽克对拉康的解读——是激活资本主义呈现的"现实"之下的"（各种）真实"（对拉康来说，真实的存在是"现实"必定会压抑的东西）。[1]

费舍界定了三种被压抑的真实。首先是环境灾难，资本主义现实主义在一定程度上把它纳入了自己的营销，但它的真实含义引发的创伤太大，以至于没法得到系统的承认。其次是普遍的精神痛苦，它在新自由主义制度下愈演愈烈，而资本主义现实主义的应对方式则是私人化——把精神健康变成个体的问题，是个体在回应资本主义现实主义"看起来不错、感觉上良好"之命令的失败。再次是新自由主义承诺废除的官僚制的增殖。他的书专门聚焦

---

[1] *Capitalist Realism*, pp. 16, 14, 17 - 18.

于后两种，因为环境危机已经政治化了，而精神健康和官僚制还没有。两者都在费舍有所体验的一个文化领域——教育——中表现得尤为明显。

《资本主义现实主义》以一种令人难忘的方式描绘了奥尔平顿学生群体的身体状态。根据它的分析，其身体表面上的冷漠实为"反身性无能"——学生觉得对自己的处境无能为力，这种感觉变成了一个自我实现的预言。费舍还诊断出一种"抑郁的快乐"——与其说是通常与抑郁症相关，在体验快乐上的无能，不如说是人们在追求快乐之外的无能。学生感觉"缺了什么"，却又不理解这个缺的东西只能在快乐原则之外获得。相反，学生往往会陷入"快乐的倦怠"。费舍大胆猜测，普遍存在的阅读障碍问题事实上可能是后-阅读的症候：青少年不需要阅读就能够处理塞满了图像的资本数据；会看标语就足以在屏幕上畅通无阻。教师承担着在规训制度的要求（按时上课、考试）和晚期资本主义消费者的后读写主体性之间斡旋的压力，同时，家庭也在后福特主义经济的压力下不堪重负，后者要求父母双方都要长时间地工作。[1]

费舍认为，在后福特主义制度下，家庭生活所仰赖的价值——义务、信任、承诺——过时了。家庭作为喘息之地，作为医治心灵创伤的药和每天帮助劳动者恢复劳动力的场所，为资本主义所需要，哪怕它同时也被资本主义破坏：通过使夫妇成为对方情感慰藉的唯一来源，给他们制造不堪忍受的压力；剥夺父母陪伴子女的时间。同时，在后福特主义统治下，阶级对抗也内化为精神痛苦。费舍引用了奥利弗·詹姆斯《自私的资本主义者》中关于20世纪80年代以来心理障碍像看不见的瘟疫一样在英语世界传播的证据。精神疾病不断上升的发病率和评估工人绩效的新模式之间存在着什么样的对应关系？在后者之下，官僚们不断施加给人们诸如此类的压力：制订目的和目标、填写成果和准备报告。这也是德勒兹所说的控制社会的核心。通过再

---

[1] *Capitalist Realism*, pp. 21 - 22, 25 - 26. 费舍通过比较斯科塞斯、科波拉的黑帮电影和迈克尔·曼的《盗火线》，来说明：通过亨利·福特的那个决定——付给工人足够的钱好让他们来买自己的车——神话般地界定的福特主义和后福特主义之间的区别。

次借鉴齐泽克对拉康的阐述，费舍指出，这些（被要求准备的）数据的隐性受众是资本主义现实主义的"大他者"。也就是说，是公关和宣传所想象的消费者，不是实际存在的个体（和在苏联一样，这样的个体知道实际上正在发生什么），而是社会场域提出的一种集体的虚构。在服从官僚主义和监控要求——各种评审过程、年度报告、研究评估——的永恒需求面前，资本主义现实主义之下的教师又向学生映照出一种他们自己的"反身性无能"。

费舍总结说，2008 年的危机并没有对资本主义现实主义造成破坏——对银行的救助大规模地重申了"别无选择"。但新自由主义也丧失了信用；它不再拥有自信的前进势头。这场危机缓解了精神麻痹：政治环境中到处都是"意识形态瓦砾"，对一种新的反资本主义，"一种并非回归的更新"虚位以待。我们的任务是建立在新自由主义产生却未能满足的欲望——比如说，裁减官僚制的渴望——的基础上的。费舍的核心要求是一场罢工，以反对作为后福特主义工作核心的各种类型的审查。教师和讲师应该通过撤回他们的劳动——自我监督机制中的、再生产管理主义中的劳动——来罢工。人们应该把心理健康问题转化为有效的对抗，把不满导向其真正的原因——资本。新的配给制度能够解决环境危机和消费主义文化的双重弊端。《资本主义现实主义》以一则坚定乐观的笔记作结，指出资本主义现实主义的无处不在，也意味着，甚至微弱的异议也会产生巨大的影响："最微小的事件也能在反动的灰幕（在资本主义现实主义下，这个灰幕标志着可能性的地平线）上撕出一个洞。在什么都不可能发生的情况下，突然一切又变得可能了。"[1]

一场运动的开端？

《资本主义现实主义》的独特性不只在于其分析的广泛特征——虽然这些特征也很有力量，更在于其对抗新自由主义情感影响时的论战力量。那些

---

[1] *Capitalist Realism*, p. 81.

在新自由主义制度下成长起来的人能够最为直接地
感受到它的力量，就像费舍指出的那样，对这代人
来说，"资本主义无缝地占据了可思考的视野"。[1]
对一位年轻作家、Zer0 出版社未来的合作者来说，
它是"精神上的号召，呼吁人们起来斗争"，"以启
示的力量诊断新自由主义的问题，并重新想象社会
主义的解决方案"，它绕过多年来的"后现代对冲"
（postmodern hedging），提供了行动的基础和希望
的理由；"那感觉就像是在水下待了很久之后——
上来透了口气"。[2] 虽然《资本主义现实主义》利
用并发展了詹姆逊和齐泽克提出的论题，但它带有
一种后两者作品中没有的原始情感力量，给人一种
对当代的弊病——无论是他的学生，还是在"后福
特主义令人恐惧的不稳定条件"下放弃努力、靠无
劳动能力津贴生活的人的体验——深有体会的感
觉。齐泽克本人也称赞这本书是"对我们所处困境
的最佳诊断"。[3]

---

[1] *Capitalist Realism*, p. 8.
[2] Niven, 'Mark Fisher, 1968 – 2017'.
[3] *Capitalist Realism*, p. 37. 齐泽克的推荐语就印在封底。

在《资本主义现实主义》出版后不到一年，反
对即将上台的自由党-保守党联盟提高学费的学生
抗议就席卷了整个英国。这场突然出现的抗议高潮
让费舍感到振奋，他形容占领运动"像出其不意的
野花一样遍地盛开"。[1] 在参加了几次抗议之后，
他在 K-punk 上写道："唯一可以和当前的情况相提
并论的是，从严重抑郁状态中走出来的那种感觉。"
这是英国政治中一系列不稳定事件——街头的失
序、上层的丑闻——中的第一起。怀着政治气候会
因此有所改变的希望，费舍审视了这些事件，同时
也反思了新自由主义的持久性（它"像丧尸一样蹒
跚而行——但就像丧尸电影爱好者都知道的那样，
有时杀死丧尸比杀死活人更难"）。[2] 为推动反对
运动的更新，这一时期，费舍积极地参与各种会议
和活动，高强度地写作和发声，就一系列广泛主题
撰写了大量介入政治的博文和文章：关于抗议运动
的命运和策略；关于紧缩、福利和保守党的统治；

---

[1] Blog, 'Winter of Discontent 2.0: Notes on a Month of Militan-
cy', 13 December 2010, KP, p. 476.

[2] ' How to Kill a Zombie: Strategizing the End of
Neoliberalism', *openDemocracy*, 18 July 2013, KP, p. 539.

关于交际资本主义（Communicative Capitalism）和技术；关于新自由主义和民主。

《资本主义现实主义》出人意料的成功，使它成为戈达德的新出版社 Zer0 的王牌出版物，成为博客圈其他左翼知识分子后来出版的一系列著作的开路先锋。这些著作包括理查德·西摩（Richard Seymour）的《戴维·卡梅伦的意义》（*The Meaning of David Cameron*）、尼娜·鲍尔的《单向度的女人》（*One-Dimensional Woman*）、欧文·哈瑟利的《好战的现代主义》。密切参与此项目的费舍也在出版社的宣言中留下了清晰可见的印记，这份宣言咒骂当代文化的"愚蠢的反智主义"和"平庸的顺从"，申明 Zer0 致力于出版"富有智识而不把智识玩成学院里的智术，受大众欢迎而不唯大众马首是瞻"的作品。其目标是建立"一个理论与大众文化之间、网络空间与大学之间的平行空间"。[1]

费舍再次加入一个活跃的智识星丛（intellectual constellation）。这一次，它是一个更明确的政治性

---

[1] 'Zer0 Books Statement', 2009, KP, p. 103; Interview with Rowan Wilson, KP, p. 630.

群体，它也许类似于同一时期在金融危机后的抗议刺激下美国布鲁克林兴起的左翼亚文化群体。在大西洋两岸，新一代知识分子都体验到了这样一种感觉，那就是现有的报刊、出版物和学界没有他们的空间，他们被迫发展自己的阵地。而二者的区别之一则在于，伦敦发展出来的东西特别少，这也反映了三十年的市场化和紧缩对大学和文化场景的影响；不得已，在发表形式上，伦敦的知识分子不太看重更高级的报刊，而更喜欢博客、宣传小册子式的书，以及后来的播客和视频。

转变

2010 年，在讨论他在控制论文化研究小组时代之后的发展轨迹时，费舍指出："在布莱尔时期的英国公共部门工作，让我看到新自由主义资本主义与加速主义的模型不符。"相反，伪市场化正在滋生官僚主义。身为教师和工会活动分子的经历，与齐泽克迟来的相遇，"把我推向一个不同的政治立场"。[1] 次年——此时费舍已结婚并育有一子，他认为，占领运动如果要产生持久的影响，就必须把自己变成有"积极议程"的"稳健组织"。[2]费舍本人加入了工党，加入了埃德·米利班德领导下的反对派，但他同时也坚持在议会之外形成一股强大到足够对议会产生决定性影响的力量的必要性。在诊断政治困境的时候，他坚定地认为左翼应该走在前面，用提议来代替反动。2011 年，他和他的朋友兼战友杰里米·吉尔伯特一起为左翼工党智库"指南针"起草了一篇呼吁党——在其后新工党方向不明确的情况下——用一个民主更新计划夺回"现代"的文章。这篇文章在三年后以小册子的形式出版。[3]

《夺回现代性》（*Reclaim Modernity*）的核心论点读起来像是为《资本主义现实主义》第二卷做

［1］ Interview with Rowan Wilson, KP, pp. 629 - 630.
［2］ 'Capitalism Realism: Interviewed by Richard Capes (2011) ', KP, p. 653.
［3］ Mark Fisher and Jeremy Gilbert, *Reclaim Modernity: Beyond Markets*, *Beyond Machines*, London 2014; see also interview with Richard Capes, KP, pp. 658, 656.

一无是处

马克·费舍 撰　王立秋 译

　　自青少年时期起，我就断断续续地苦于抑郁。有时，抑郁的发作会让人极度虚弱，它会让人自残、退缩（我会躲在自己房间里，一待就是几个月，只有在需要签到或购买极少的供我活下去的食物时，才会冒险出门）；它会让人不得不在精神病房蹉跎一段时光。我不敢说自己已经从那种情况中恢复过来了，但我乐意说，近年来，我抑郁发作的频率和严重程度都大大降低了。部分原因是，我的生活处境发生了变化；但也和我对自己的抑郁及其成因有了不同的理解有关。我把自己精神痛苦的经历拿出来说，不是因为我认为它们有什么特别或独一无二之处，而是为了支撑这样一个主张，即我们最好通过"非个人的、'政治的'，而不是个体的、'心理的'"框架来理解多种形式的抑郁，并与之斗争。

　　书写自己的抑郁是很难的。抑郁在一定程度上是由一个"内在的"讥讽声音构成的，它指责你自我放纵——你才没有抑郁呢，你只是在自悲自怜，快振作起来。而公开这一状况本身，就可能触发这个声音。当然，它根本就不是"内在的"，它是实际社会力量的内化表达。而否认抑郁与政治相关，

1

我们必须明白，英国民众对紧缩政策的听天由命式的顺从，是一种蓄意培养的抑郁的后果。这种抑郁表现为：接受（对除少数精英外的所有人来说的）情况会变得更糟糕，接受有工作就不错了（所以我们不应该指望工资能跟上通货膨胀的步伐），接受我们无力承担福利国家的集体准备金。集体的抑郁是统治阶级再驯服计划的结果。一段时间以来，我们越来越接受这样的想法，即认为我们不是那种能够采取行动的人。就像抑郁的个体不可能通过"振作"就"一下子摆脱抑郁"那样，这并不是意志的失败。阶级意识的重建确实是一个艰巨的任务，一个没法通过现成的方案来完成的任务。可尽管我们集体的抑郁告诉我们不行，这个任务还是可以完成的。发明新形式的政治参与、重振已显颓势的制度、把私人化的不满转化为政治化的愤怒：这一切都是可能发生的，而一旦发生，谁知道它会带来怎样的可能性呢？

本文译自"Good For Nothing"，*The Occupied Times*, March 19, 2014。原文最初发表于k-punk.abstractdynamics.org。按CC-NC-SA协议译介。

是符合其中一些社会力量的既得利益的。

　　一直以来，我的抑郁，总是和我一无是处的信念分不开。在三十岁以前的大部分时间里，我认为自己永远无法工作了。在二十几岁时，我在读研、间歇性失业和临时工作之间徘徊。无论是以上的哪个角色，我都感觉自己并不真正属于它——读研时，我觉得自己是一路蒙混过关的半吊子，而不是真正的学者；失业时，我觉得自己并非真的失业，和那些诚实求职的人不同，我只是偷懒罢了；短暂就业时，我又觉得自己不称职，并且无论如何我都不属于这些办公室或工厂的工作岗位，不是因为我"太优秀了"，而是——恰恰相反——因为我学历过高，百无一用，抢了比我更需要、更应该得到这份工作的人的饭碗。甚至我身处精神病房时，我也并不觉得自己真的抑郁了——我只是为了逃避工作而假装抑郁，或者按抑郁的极其矛盾的逻辑来说：我只是为了隐瞒"我没有能力工作、社会中根本就没有我的位置"这个事实而假装抑郁。

　　当我最终在一所延续教育学院找到一份讲师的工作时，我一度欣喜不已。但就其本质而言，此种欣喜恰恰表明，我还没有摆脱一无是处的感觉，而不久之后，这种感觉又使我陷入了更长时间的抑郁。我缺乏那种"天生我材"的冷静自信。在某个并不潜藏的层面上，我显然依然相信自己不是那种能够胜任教学工作的人。可这种信念从何而来？主流的精神病学认为，这样的"信念"源于大脑化学的功能失调，可以通过药物加以纠正；众所周知，精神分析和受其影响的各种疗法，在家庭背景中寻找精神痛苦的根源；而认知行为疗法则对寻找消极信念的来源不太感兴趣，它只想用一组积极的故事来取代它们。倒不是说，这些模型全错了，而是说，它们没有把握到，也必然把握不到，这种自卑感最可能的原因：社会权力。对我影响最大的社会权力是阶级权力，当然，性别、种族和其他形式的压迫也会通过生产同样的"本体的"自卑感（自己的"存在"本身低人一等）而起作用。这正是我以上阐释的那种想法的最佳表达：认为自己不是那种人——能够胜任被指定给主流群体的角色的那种人。

在我的书《资本主义现实主义》的一位读者的敦促下，我开始研究大卫·斯梅尔 (David Smail) 的作品。斯梅尔是一名治疗师，但他把权力问题放到了治疗的中心。他证实了我跌跌撞撞摸索到的那些关于抑郁的假设。在他的重要著作《不快乐的起源》(The Origins of Unhappiness) 中，斯梅尔描述了阶级印记怎样被设计为不可磨灭的。对于那些一出生就在接受这样的教育——"你低人一等"——的人来说，获得资历或财富并不足以消除——无论是在他们自己心中，还是在别人心中——在他们生命早期就已经烙在身上的原始的无价值感。一个走出自己"本应"占据的社会领域的人总是面临着被眩晕、恐慌和恐惧感压倒的危险："……被孤立，被断联，被充满敌意的空间包围，你突然就失去联系，没了稳定，没了支撑；一种令人眩晕、让人恶心的不真实感占据了你；一种彻底失去身份（的感觉）、一种彻头彻尾的欺诈感威胁着你；此时此刻，你没有权利住在这具身体里，你没有权利穿成这样；你什么也不是，确切来说，'什么也不是'就是你感觉自己即将成为的样子。"

一段时间以来，统治阶级最成功的策略之一就是"责任化"。这种策略鼓励底层阶级的每个成员认为他们的贫困、缺乏机会或失业是自己的错，并且只是他们自己的错。个人会责怪自己，而非社会结构，无论如何，统治阶级都会诱导他们相信实际上并不存在社会结构这种东西（它们是弱者才需要的借口）。斯梅尔所说的"魔幻唯意志论"(magical voluntarism)——相信每个人都有能力成为自己想成为的人——是当代资本主义社会的主流意识形态和非官方宗教，真人秀"专家"、商业大亨和政客都在推行这套叙事。魔幻唯意志论既是当前历史上阶级意识水平低的结果，也是其原因。它是抑郁的反面——它的底层信念是，我们都要为自己的痛苦负有独一无二的责任，因此我们活该受苦。如今，英国的长期失业者被强加了特别恶毒的双重束缚：他们一生都在被告知自己"一无是处"，同时却又被告知，他们能做自己想做的任何事。

的笔记。在批判布莱尔主义强化在卡拉汉和撒切尔治下开始的新自由主义计划的"灾难性策略"的时候，两位作者聚焦于其引发的官僚制的增殖及其在促成文化创新上的失败。他们认为，和古典自由主义不一样，新自由主义以此为己任：把竞争关系强加于一切领域，生产一种强迫感和侵犯感；尤其是在像医疗保健和教育这样的，工作实践天然具有集体性质的活动领域。如果任由"右翼民粹主义者捕捉和利用由此产生的反官僚情绪"，左翼就会"错过一个历史机遇"。工党应该"在实践和论战中，走一条坚定的，反对当代资本主义文化这一不受欢迎的、不具生产力特征的路线"。[1]

与新自由主义模型相反，左翼应该建设使合作与协作关系能够以自己的独特方式最大化效率和产出的制度。通过援引雷蒙德·威廉斯的《漫长的革命》，费舍和吉尔伯特认为，教育应该把真实的集体决策实践也包括进去。应该要求公共部门机构负责，在把它们从官僚制要求中解放出来的同时，保

---

[1] Fisher and Gilbert, *Reclaim Modernity*, pp. 12 - 13, 25.

护它们不受商业公司掠夺。[1] 英国音乐文化的命运——这个一度是世界创新中心的文化如今却深陷停滞——表明：在资本把集体创造力的总矩阵变成一架生成利润的机器，促进同质化的、保守的文化形式，并寄生于其他地方生成的新形式时，会发生什么。[2] 前几十年的音乐突破依赖的是，社会民主国家通过普遍供给（universal provisions）提供的间接支持。可以通过这个模型来理解促使各部门的社会创新，尤其是"知识经济"，成为可能的条件："谁知道互联网与强社会供给并存的文化会是什么样子的？"[3]

　　费舍在这个政治活动后期提出的论点，和以前保守党统治时期霍尔在其标志性的政治介入中提出的一些观点，惊人地相似。费舍认为，左翼需要停止在旧地形上斗争，适应新的社会和阶级构成，应

[1] Fisher and Gilbert, *Reclaim Modernity*, p. 25.

[2] 从形式和类的角度来看，《夺回现代性》认为，在眼下美国电视"黄金时代"的产品中，超越惊悚片、情景喜剧或动作冒险片套路的寥寥无几。21世纪，电视可以有多少真正意义上的实验性依然有待观望。Fisher and Gilbert, *Reclaim Modernity*, p. 20.

[3] Fisher and Gilbert, *Reclaim Modernity*, p. 16.

对驱使公众支持新自由主义的各种欲望和挫折，与文化的要求连接，避免在管理主义和国家官僚系统之间画等号，拒绝把自由、多元主义尤其是现代性拱手让给右翼。这两位思想家都在某种程度上对国际环境和外交政策视而不见。就对话语和意识形态、在媒体上的表达和共识的创造的关注而言，费舍的政治作品早就和霍尔共享着同样的方法论基础了。但现在，他们连提出的许多结论也变得一模一样。在不同时期、带着不同的感受力行动，霍尔时不时会被误认为在迁就，而费舍则不会——他对现状发自内心的厌恶太过于明显。在 2013 年英国政府开始削减福利的时候，他毫不迟疑地指责了工党内弥漫的"死气沉沉、毫无情感的颓废"气氛，说它"早就忘记当初为什么想赢得选举了"。[1]

　　智识性情与政治环境的互动使费舍在某些方面成为一个独特的、非正统的人物，他虽为一些传统的自然继承人，却在与那些传统相对隔绝的情况下工作。他出道于一个左翼混乱、崩解的时期；最初

---

[1] Blog, 'The Happiness of Margaret Thatcher', 8 April 2013, KP, p. 532.

使他走上这条路的，是音乐新闻和法国理论；一路走来，费舍参考、引用的，大多来自他个人热情的殿堂：他自己喜欢的作品和人。不过，在最后这几年，随着他的注意力第一次转向更新的可行性，他的作品也对前人，尤其是他与霍尔的联系有了新的认识。促使他关注霍尔的一个契机，是电影导演约翰·亚康法（John Akomfrah）献给霍尔及其遗产的两部作品——《未完成的对话》（*The Unfinished Conversation*，2012）和《斯图亚特·霍尔计划》（*The Stuart Hall Project*，2013）。费舍在后一部作品的放映会上发表讲话，并为电影撰写了一篇宣传文章（accompanying essay）——在文中表达了他对霍尔的欣赏。

费舍的一篇论说文《压力的私人化》，和霍尔最后的政治论说文《新自由主义革命》（"The Neoliberal Revolution"），发表于霍尔与迈克尔·拉斯廷（Michael Rustin）和多琳·梅西（Doreen Massey）共同创办的刊物《发声》的同一期。[1] 2014 年 2 月，

---

[1] 这两篇文章都发表在《发声》2011 年夏季第 48 期。

霍尔在长期患病后去世；两人之间的对话看起来并没有发生。不过，在费舍的作品中，霍尔逐渐变成一个重要的对话者。虽然费舍的作品一直以哀叹新自由主义霸权为主调，但他越来越关注他所经历的政治史可能会有所不同。在这方面，霍尔也提供了鼓励。费舍在 2014 年发表的一篇论说文中写道："避免怀旧的方法是，到一切时代中寻找失去的可能性。而霍尔的作品——从他 20 世纪 50 年代关于冷爵士乐（cool jazz）和柯林·麦金尼斯（Colin MacInnes）的早期作品，到他 80 年代末的'新时代'[1] 论说文——提醒我们，我们一直没能把左翼政治和大众文化关联起来。"费舍赞同霍尔的观点，认为西方社会主义一直没有能力妥善处理来自爵士乐、新的反文化和朋克的能量，相反，它陷入了"一种落后的、无法把握后福特主义资本主义力比多场域的传统主义"。[2]

---

[1] "新时代"是 20 世纪 80 年代末发生在英国的一场左翼智识运动，以英国共产党的欧洲共产主义派系为核心，大部分相关作品发表于该党的官方理论刊物《今日马克思主义》。——译注

[2] Gavin Butt, Kodwo Eshun and Mark Fisher, eds, *Post-Punk Then and Now*, London 2016, pp. 101, 110.

在起草《夺回现代性》的同时，费舍还希望在
2011 年再出一本书，汇总他 2006 年以来关于"幽
灵学"和失落的未来的作品。结果，各种紧急事件
导致《我的生活的幽灵》直到 2014 年才得以出版。
就像他在导论中解释的那样，费舍认为：2003 年
开始的那十年，对英国大众文化来说，是自 20 世
纪 50 年代以来最糟糕的一个时期。但还存在别的
可能性的痕迹，而《我的生活的幽灵》一书尝试与
其中一些可能性建立联系。这部增补文集收录了他
的一些最好的关于音乐、电视、文学和电影的文
章，它的每个部分都是一支为一种没有实现的未来
而作的安魂曲。费舍五花八门的写作以这样一种感
觉为主轴，即新自由主义引发了"对未来的缓慢取
消"。这个说法是他在弗朗科·贝拉尔迪（Franco
Berardi）的作品中发现的。[1]

费舍的叙述如书名暗示的那样，带有自传的印
记。按他的说法，随"对未来的缓慢取消"而来的
文化减速，首先体现在流行音乐中。流行音乐的

---

[1] *Ghosts of My Life*, p. 6.

"减速"一直是他博客圈中常年争论的话题。曾经"极富创造力"的电子乐在当时也已经沦为其他地方盛行的熵增状况的牺牲品。不过，一些当代音乐家——其中包括坟墓、看管人、威廉·巴辛斯基——还是点燃了他的热情，他在他们的作品中感受到一种对资本主义现实主义限制的拒绝。通过重新使用德里达在《马克思的幽灵》中提出的用来描述昨天的明天的幽灵般在场的幽灵学概念，他给这个术语增加了另一重含义：在《我的生活的幽灵》中，他用幽灵学来描述一种更多地是按冲动而非风格来定义的当代音乐类型。在这种音乐噼啪作响的循环、混响和采样的忧郁纹理中，费舍听到了一个更有希望的时代的失落的未来。

惹狗上身

就在《我的生活的幽灵》付梓之时，费舍对网络政治的参与达到了一个痛苦的拐点。随着学生运动和反紧缩运动失去动力，一些活动者的精力转向

了自身内部。费舍在《离开吸血鬼城堡》（"Exiting
the Vampire Castle"）一文中批判了网络指控文化
（online call-out culture）。他说："今年夏天，我认
真考虑过退出一切政治参与。因工作过度而筋疲力
尽，无法从事生产活动，我发现自己漂浮在社交网
络中，感觉自己的抑郁和疲惫与日俱增。"在这一
年的早些时候，他就对左翼的推特风暴采取了规避
态度，在这些风暴中，一些人物遭到了"指控"和
谴责；在费舍看来，这些人的言论有时可能令人反
感，但"网上毁谤、追猎他们个人的方式留下了可
怕的残余"。"说来惭愧，我之所以没有对这些事件发
声，是因为害怕。霸凌者就在运动场那边。我不想引
起他们的注意。""左翼"在社交媒体上对罗素·布兰
德（Russell Brand）的讨伐改变了他的想法。这个
痞里痞气的大男孩在《新闻之夜》（*Newsnight*）
上狠狠地驳斥了节目主持人杰里米·帕克斯曼
（Jeremy Paxman）。费舍愤怒地做出回应，分析了
导致这种"沮丧局面"的"力比多-话语构造"：
"他们自诩左翼，但就像布兰德那期节目表明的那
样，从许多方面来看，他们的出现标志着作为阶级

斗争主体的左翼已经消失了。"新的指控文化背后，是恶性身份政治（identity politics）的卷土重来，它是如此极端，以至于现在，仅仅提到阶级，就会被自动认为在试图贬低种族和性别的重要性。在反对"身份至上主义"（identitarianism）的时候，费舍援引了霍尔的文化研究传统，并直接引用了亚康法的作品。那个传统之所以重要，部分是因为它抵抗"身份至上的本质主义"（identitarian essentialism）——它"认识到，没有身份，只有欲望、利益和认同……重点是要把一切接合（articulation）都当作临时的、可塑的"。[1]

典型地，在被夸大和曲解之后，这篇文章在网上恶评如潮。可以说，它以一种反讽的方式引出了他试图分析的那些行为。费舍的文章远远超越了其论证的局限——毕竟，它是在一次抑郁症发作期间写的，他反对指控文化之刻毒的立场既有勇气又有洞见。长期以来，网络世界一直为他的天赋提供了一个避难所和舞台。自控制论文化研究小组时代以

---

[1] Fisher, 'Exiting the Vampire Castle', *The North Star*, 22 November 2013, KP, pp. 737, 740–741, 744.

来，它就一直让费舍兴奋不已。眼睁睁地看着这个
世界变得病态，然后又不得不把自己放逐到这个世
界之外——他随后便退出了社交媒体，后来更是连
博客也上得越来越少。这对他来说一定很艰难。

作品集

　　费舍的书的主题及其关心的主要问题是新文集
K-punk 的主旋律。这本厚达八百多页的书收集了
费舍在这个时期创作的大部分其他作品，记录了从
K-punk 创建到 2016 年末最后作品创作的全过程；
我们承诺，还会单出一本费舍 2004 年之前文章的
合集。在文集 *K-punk* 收录的 140 篇文章中，有一
半以上是出自 K-punk 博客的文本，剩下的则是为
各种渠道（线上线下的艺术、音乐、政治期刊及杂
志）撰写的文章、费舍在这个时期的访谈和一些独
特的材料——包括他去世前都还没来得及写的最后
一本书的导论草稿。文集选择的文章主题广泛，但
没有穷尽费舍涉猎的所有领域。很多哲学与政治方

面的文章〔包括他 2010 年在《静音》上为詹姆逊
的《辩证法的效价》（*Valences of the Dialectic*）撰
写的评论〕和一些音乐报刊文章的扩充稿都没有被
选进去。这些遗漏是编辑没有言明的偏好造成的令
人遗憾的结果，但应该指出，费舍的作品挑战一切
安排，因为许多最好的洞见和敏悟（aperçus）都散
布在原本时效性极强的反思之中。不知道为什么，
这本文集没有索引，而是按主题给内容排序以帮助
读者按图索骥，但这种做法也有不好的一面——它
在某种程度上与费舍把电影、音乐、自传、理论、
政治和社会放到一起读的倾向格格不入，而打破时
间顺序也不利于我们追溯其思想的演进。

　　如此庞杂的内容无法概括。它包含文化的鉴赏
和批判，关于意识形态和政治策略的反思，对媒体
格局的细查和对政府政策的剖析，以及关于当代经
验质地的沉思。类似地，文集也容纳了各种各样的
形式。来自博客的写作自然要更不正式一些，它们
往往是对时事，对费舍看到的、读到的或听到的东
西，对他进入的网络环境中的讨论的回应。读他的
各种异质的思考，就是在观察思想的演进，追随一

种独特而慷慨的智慧的脚步。文字的主色调是凄哀
的，但其中也有欣快闪现。费舍以动人的方式按年
代顺序记录了新自由主义英国的"忧郁的热带"，
同时也致力于寻找可能性的裂缝，在新思想匮乏的
时期心怀梦想。在忠于自己的文化信念的同时，他
也同样对在意想不到的地方发现价值的可能性保持
开放态度，并经常在一些文章中记录这样的发现带
来的兴奋。他的写作也会带来一种类似的兴奋：通
过对当代进行解码，他的作品能够获得一种几近于
神圣的品质，赋予日常生活的碎片以意义和重
要性。

　　文集中的选文一点一点地勾勒出费舍写作的一生
的高峰和低谷——智识上的和政治上的，情感上的和
经济上的。《资本主义现实主义》出版后，费舍职业
生涯的进步，使他获得了越来越多的约稿机会。新的
气候在某种程度上更愿意接受他的写作；虽然费舍
依然是一个边缘人物，但他开始为一系列文化和左
倾出版物撰稿，其中就包括人员大换血后的《新政
治家》。这并不是说，身为自由职业者，费舍的生
活更稳定了：在一次访谈中，他说他不得不"保持

以极快的速度工作来维持生计",他还在一篇探讨精
英主义与民粹主义的文章中离题感慨说,"不稳定的
工作、零碎的工作时间"使他没法从事"长期的项
目"。[1] 相反,费舍写的东西大多是文化批评。这
里呈现的广泛主题表明,他尤其关注流行的和庸俗
的形式、类型。巴拉德、洛夫克拉夫特、林奇和柯
南伯格都能证明这点。他对通过任何媒介来表现的
现实主义都不怎么有兴趣。他几乎只关注英国文
化,但电影是个例外。他在严厉抨击时下许多电视
和流行音乐、批判堕落的当代文化的同时——这种
批判可被纳入文化批判(Kulturkritik)的传统,又
把自己摆到高级文化品位、"伦敦市中心行家的高
傲态度"的对立面。他在 2009 年一篇纪念巴拉德
之死的文章中就探讨过这种高高在上的态度。[2]
同样,在抨击本土经验主义及其对思想观念的厌恶
的同时,他也建立了自己的理论正典,后者主要由
来自欧陆哲学的作品构成。

---

[1] Interview with Rowan Wilson, KP, p. 636; blog, 'Precarity and Paternalism', 11 February 2010, KP, p. 203.

[2] 'The Assassination of J. G. Ballard', *Ballardian*, 28 April 2009, KP, p. 73.

后朋克是费舍最重要的文化效忠对象。虽然赞赏战后的共识文化，但费舍更加发自内心地被在这个共识解体的动荡中形成的作品吸引。他太过年轻，以至于错过了朋克的第一波影响，相反，他是听着在朋克之后出现的、打破形式的离经叛道的音乐长大的，这使他相信流行音乐不只是"令人愉快的娱乐"。一篇博客文章坚持"在某种意义上，我所写的、我所参与的一切，或多或少是在试图保持对后朋克事件的忠诚"。[1] 他在 2005—2006 年间写的关于后朋克传奇乐队堕落（The Fall）的三篇文章中指出了这个忠诚的两层含义。在赞扬他们驳斥这种观点——实验主义和精致不是工人阶级可涉足的领域——的同时，费舍也称赞了他们的作品对自己产生的惊人的布莱希特效果（间离效果）。这当然也是费舍本人代表的东西——他在许多方面比他的左翼作家同行更接近他欣赏的艺术家——和他的作品在很大程度上试图达到的效果。就像他在《资本主义现实主义》中宣称的那样："解放的政治

---

[1] Blog, 'The Outside of Everything Now', 1 May 2005, KP, p. 298.

必须始终破坏'自然秩序'的表象，必须揭露被呈现为必然和不可避免的东西只是偶然，就像它必须使先前被认为不可能的东西看起来可以实现那样。"[1]

后朋克这种类型体现了费舍的文化理想：既流行，又致力于更新。他也开始先后用低俗文化和流行现代主义来称呼这类结合了上述两个特征的文化。他相信，这种综合是战后时期，随着现代主义的形式和冲动在文化、社会和地理上的扩散而繁荣起来的，而这个扩散在很大程度上又是由日益增长的平等至上主义和稳健的福利国家促成的。换言之，这种综合把他年轻时的文化里程碑和基础设施整合为一个范畴了。这恰好是当代景观的反面：如今，公共服务广播没落了，文化又在阶级的基础上形成了新的分层，新自由主义民粹主义的地狱逻辑统治一切——"我们被诱导相信，把人当聪明人是'精英主义'，而把他们当傻 X 则是'民主'"。[2]

---

[1] Fisher, *Capitalist Realism*, p. 17.
[2] Blog, 'Precarity and Paternalism', 11 February 2010, KP, p. 200.

英国第四频道的衰落就是这个变化的标志，它从早期的高度"沦落到如此令人尴尬的想吆喝又畏畏缩缩的程度，滑稽得不能再滑稽了"。[1] 最初启发费舍的音乐记者的优点就在于，他们认为，在最好的流行音乐中也可以发现不亚于传统高雅文化的精巧复杂，而他在文集收录的各种典型的文章中也是这么做的。在他看来，当代精神刚好相反，它助长了一种文化上的"向下拉平"。与认真对待流行文化的"向上拉平"相反，这种"向下拉平"认为没有什么值得认真对待。

就文化和批判而言，文集的大部分内容都是在推敲和巩固已有的东西。文集表现出的发展主要是政治上的。这个发展在本质上与这个时期英国左翼更广泛的历史同步——从新工党和反恐战争的开始，到经济危机和紧缩，再到重新激活可能性和短暂复兴。在 2010 年保守党和自由民主党联合上台执政的时候，费舍抛弃了他原则上的脱离立场（"别投票，别鼓励他们"），开始越来越多地参与

---

[1] 'Classless Broadcasting: *Benefits Street*', *New Humanist*, 17 February 2014, KP, p. 238.

日常政治。[1] 2015 年的选举使他希望破灭，但科尔宾的胜利又振奋了他。在未完成的最后一篇博客文章中，他说特朗普和英国退出欧盟"源于一种对一个理想化的过去的渴望，与一种对当下的复杂性和困局的否定"。[2]

最后这几年的写作，记录了费舍的希望的波动，和这些波动与他的健康的危险纠葛。看起来，周期性的高估表明，他真的希望情况发生变化。费舍 2015 年选举前写的一篇博客文章记述了他在过去一年里是如何努力写作的。他感觉，在"一开始，异见带来的欣快"之后，"绝望的浓雾"又逐渐笼罩整个国家。在谈到自己情绪突然高涨的时候，他认为这个变化在一定程度上应该归功于激进左翼联盟（Syriza）、"我们能"党（Podemos）和苏格兰民族党的好运。在一些谈论更广泛的环境，但看起来又更多地是在谈论自己的抑郁症的文字中，他说他觉得"阻碍我们思考和行动的心灵封锁

---

[1] 'Don't Vote, Don't Encourage Them', KP, p. 429.
[2] Blog, 'Mannequin Challenge', 15 November 2016, KP, p. 618.

正在解除"。在随后的一篇在保守党再次获胜后写
的博文中，他依然坚定，建议自己的读者抵抗绝
望。他坚持，一场国际性的巨变正在发生，只是巨
变的浪潮"还没有抵达被痛苦和平庸的沙袋保护的
英格兰"。[1]

最后的乌托邦

这时，费舍已经离开伦敦，和他的妻子与幼子
一起搬到萨福克海岸的滨海城市费利克斯托生活
了。在他看来，像 H. G. 威尔斯《世界大战》中
的火星三脚架一样、在城市上空若隐若现的集装箱
港口的起重机"充分反映了过去 40 年资本和劳动
的变化"。同样的思考也出现在 2016 年末在费舍轻
生一个月前出版的《古怪和怪异》中。这本书是费
舍在伦敦东南部的伦敦大学金匠学院视觉文化系担

---

[1] Blog, 'Pain Now', 7 May 2015, KP, pp. 569, 571; blog, 'A-
    bandon Hope（Summer is Coming）', 11 May 2015, KP,
    p. 584.

任讲师期间攒出来的，书中对书名所述的美学模式的叙述包含了他的一些最优美的写作，但乍一看，这本书也表现出一种政治紧迫性的减弱。不过，我们也可以在书中看出一些熟悉的倾向。"古怪"多指"我们先前使用、现已过时的概念和框架"，"怪异"则标志着"从通常被认为是现实的东西的限制中"释放出来。在最后的作品中，费舍以更加空想、更加超俗的形式梦想了那个可能不一样的世界，他的想象逐渐"超越了标准感知、认识和经验"。[1] 这种想象，在他写的最后一篇文章——如今作为收尾文章收入新文集的、他计划写作的第四本书的导论——中达到顶点。

这篇文章所标志的，从《资本主义现实主义》至此的转变，和从赫伯特·马尔库塞从《单向度的人》到《爱欲与文明》的转变类似，费舍也引用了马尔库塞的这两本书。他在文中的主要论点是在接触霍尔后形成的，他认为，20世纪50年代和70年代初见证了左翼在连接反文化的"集体欣快"上的

—————
[1] Mark Fisher, *The Weird and the Eerie*, London 2017, pp. 77, 13, 8.

失败，其结果是：右翼殖民了反文化对自由和快乐的拥抱。[1] 迷幻共产主义是这个被错过的"连接"的"幽灵"；他说这个名称是"一种挑衅，也是一种许诺……可以说是一句玩笑，但它的目的非常严肃"。在这里，曾经鄙视嬉皮士运动的费舍概述了一种梦想逃避单调乏味的工作的文化的出现。在一段富有感情色彩的文字中，他对此表示疑惑：新自由主义的反革命能量是不是也以一种矛盾的方式"证明了一个可能是自由的社会的幽灵带来的威胁有多大"。这些想法是在与吉尔伯特，与自治主义团体"C计划"（Plan C）的讨论中萌发的。费舍还在这篇文章中最后一次提到了霍尔，后者也曾梦想过一种能够与他在迈尔斯·戴维斯的音乐中感受到的那种情感产生连接的社会主义。

费舍在这里提出的路线表明，他的视角在共时和历时的维度上都发生了变化：他的视域在时间上超越了历史上的后朋克时期，并在空间上第一次超越了英国本土，把1973年的皮诺切特政变命名为

---

[1] 'No Romance Without Finance', *Bamn: An Unofficial Magazine of Plan C*, 9 November 2015, KP, p. 424.

资本主义现实主义的奠基时刻。他认为，把反文化简化为"标志性"图像和"经典"音乐的操作，起到了消除当时爆发的各种真实可能性——首先是民权运动、阶级斗争、社会主义-女性主义组织和"改变意识"思想（ideas of altered consciousness）合流的可能性——的作用。理论上，虽然在他的写作中，文化与政治之间的关系有所波动。有时文化具有决定性作用，在想象上为行动设定可能性，在其他地方，文化又可能被政治变革消灭；但在这里，他提出了一种融合二者的愿景。类似地，在长久地用自己的经验来证明艺术作品的变革力量之后，费舍也在这个力量的基础上提出一个宏大愿景，试图到披头士乐队和诱惑合唱团（The Temptations）的歌中去寻找新世界的可能性。在艰难时期写作的费舍，在这里展现出他最为乌托邦的一面，强调自己不会放弃对一种"新的人性、一种新的看待事物的方式、一种新的思想、一种新的爱"的持续承诺。

这些文字和文集中更早的文章中的一些其他文字，现在读起来很费劲。在 2014 年发表的一篇个人随笔中，费舍描述了在他看来，他的抑郁症是怎样与他的社会等级体验（主要是觉得自己被灌输了一种认为自己没有价值的感觉），与发现自己被卡在阶级之间的痛苦纠缠在一起的。他写道，二者都让他觉得自己"一无是处"。[1] 在他的文化批评中，在他对"愤怒、困惑和尴尬"，对"变成你不是的东西的痛苦戏剧"的描述中，也可以发现这种印象。[2] 费舍令人信服地批评了把社会和政治问题简化为个人病态的各种方式。同样，他认为自己的抑郁症之所以能够得到控制，是因为他从不那么个体化的角度来理解它。[3] 在某种意义上，这也提供了一种把他自己的痛苦外化的方式。根据他的诊断，当代本质上是压抑的：不只资本主义现实主义的泄气状态是压抑的，左翼的状态、公众对紧缩

---

[1] 'Good For Nothing', *Occupied Times*, 19 March 2014, KP, p. 747.

[2] Blog, 'Stand Up, Nigel Barton', 13 June 2004, KP, p. 116; Blog, 'Ripley's Glam', 1 July 2006, KP, p. 84.

[3] 他的妻子佐伊·费舍在验尸后动情地讲述过市场-官僚化的英国国家医疗服务体系是怎样忽视费舍的，见 Adam Howlett, 'Renowned writer and K-Punk blogger Mark Fisher', *Ipswich Star*, 18 July 2017。

的接受、民族的状态也是如此。他写道，2015 年的英国"可能是地球上有史以来最压抑的国家了"。[1] 不过，在他最后的、之前没有发表过的博客文章中，我们发现，他并没有屈服。他在文中指出，2016 年动荡的政治发展表明，右翼"已经放弃了它对现代性的要求"，这就为"左翼夺回它"提供了"更大的动力"。[2]

---

[1] Blog, 'Democracy is Joy', 13 July 2015, KP, p. 609.
[2] Blog, 'Mannequin Challenge', KP, p. 623.

出版后记

塔里克·戈达德　撰

　　写作《资本主义现实主义》的氛围和书中描述的氛围很像，马克时而确定完成的作品将是未来美好事物的预兆，时而感受到一种与消沉难以区分的间歇性恐慌——害怕他写得太少，写得太迟。事实证明，这本书从筹划到定稿所经历的过程，比我们预期的——就一篇紧凑的专题论文而言——更长。从我建议马克在他写的一篇关于电影《耶稣受难记》的博客文章的基础上写一部关于信仰的作品（他倒反过来建议把那篇博客文章拓展为一部政治神学作品）到他完成这部批判作品——拒绝接受被他称为"资本主义现实主义"的现行社会经济秩序的小书，一共花了两年半的时间。

　　作者的第一部作品总是需要巨大的投入，令我惊讶的是，马克一点儿也不想给自己减负。他没有假谦虚的负担，并充满了弥赛亚式的热情。他坦言，对我们推出的新 Zer0 丛书来说，他的书将是定义性的（在这点上他是对的），而且对新企业来说，快速完成这本书很重要。他补充说，他觉得自己一直在孕育一本有"大想法"的书，可能就是这本。

在把门槛提高之后，马克似乎又对其高度有所畏惧，因为这点逐渐变得明显：他的书不是我们出版社的创社之作，而他设想的那本书可能根本不会出现。根本的矛盾在于，马克一点儿一点儿攒起来的材料与宏大的理论叙事格格不入，他的稿子更像是他的博客 K-punk 上的观察性描述和意见，而不是一部系统的理论著作。随着出版日期的临近，以及随后的延期，我们决定，最好从他有的东西，而非他可能会写的东西入手。他有的东西，和他之前的笔记混在一起，是个人的回忆、反思，这些东西倒是可以和他希望调整、完善的一组关于文化的博客文章结合。Zer0 出的书往往就是在这样的基础上形成的，但在许诺了这么多之后，马克对成书的篇幅会偏短感到十分不好意思，他说，虽然他仍然认为这本书有很大的机会卖到 1 000 本（这是当时我们追求的终极目标），但也许，它会是两部曲中的第一部，未来他还会出一部更加"哲学的"续集。

在交稿的时候，他的稿子依然是碎片，我们不得不通过组合加工它的不同部分来形成终稿，而不是把它当作一气呵成的作品按顺序来编辑（或阅读），这就进一步强化了那种感觉：这本书绝不是一本常规的哲学作品。因为我也已经很熟悉其中的一些材料（虽然不知道它们的先后顺序），所以在某种程度上，我和马克都不知道新打造出来的作品会带给读者什么样的感觉，我承认，我想知道马克的一些读者在看到没那么多新东西时会不会有些兴味索然。马克肯定也是在做过一番挣扎后才下定决心出版这本书的。和一些放不下自己作品的作者不一样，他不想回头再去捣腾或做局部的修改；相反，他只是不知道，这本书是不是如他希冀，是一种理解我们生活的时代的尝试，还是说，它其实也不是那么地必要，那么地杰出有料。

出版前的那段时间不出意料地充满了不确定性，而且，和在选举最终计票过程中，时而紧张激

动得几乎相信自己一定会赢、时而又同样冒失地觉
得自己一定会输的政客一样，马克的情绪也出现了
一些极端的波动。他最初的担心是，这本书会缺乏
现实意义。这在很大程度上是因为，他没有在书中
考虑或吸取 2008 年金融危机的"教训"。他猜测，
世界对这场危机的回应可能会让他的论题站不住
脚，或使之沦为过时的历史文献（对世界来说不
幸、对他的论题来说幸运的是，他猜错了）。[1] 而
且，虽然他不是第一个结合社会观察和流行文化来
诊断情绪、创造术语的作者，但马克意识到，自己
作为学界和媒体的局外人并没有当社会预言家的
"资格"，他想知道，批评家们能不能"听懂他在说
什么"。当然，这本书和我们的整套丛书一样，都
有在各种文类之间滑动、跳出可识别的"生态位"
的可能，特别是因为，我们自己都不知道该怎样给
它归类（最终选定"哲学"而放弃了其他可能更好
的分类标签）。

———————

[1] 有人认为，右翼，具体来说特朗普和约翰逊政府虽然没有篡
改，但拒绝接受资本主义现实主义。马克会在一定程度上赞
同这种论点，因为他相信，在某个点上，政治反动势力会恢
复"原始权力"关系而不是服从市场。

虽然最终事实证明，至少就其与《资本主义现实主义》相关的部分而言，这些疑惑是没有根据的，但它们并非毫无来由。Zer0 出版公司当时的老板[1]对这本书头几页的反应是勃然大怒，他大骂这本书在美国卖不出去，因为它引用了一部"没人看的"英国电影（《人类之子》），且风格太过于"个人"以至于不可能受大众欢迎。一开始，看起来，这和买家的冷淡回应，以及媒体彻底的冷漠一起证实了他提出的反对意见。当时我们几乎没有人意识到，讽刺的是，这本书在传统领域受到的冷遇，恰恰是其未来成功的预兆。尽管我们出的很多书在主流媒体上反响很好（这让我们吃惊），但迎接《资本主义现实主义》的是批评界的沉默。令马克难以置信的是，这种沉默还将形成一种令人遗憾的趋势，一直持续到他去世。除一些音乐和电影出版物外，在他生前，没有人评论过他出版的任何一本书。除 Zer0 出的每一本书封底上的煽动性的使命宣言（讽刺的是，它还被 BBC 第二电视台"晚

---

[1] Zer0 出版社虽由塔里克·戈达德和马克·费舍创办，却隶属于 John Hunt Publishing。——译注

间评论"节目上的讨论小组错误地归到我名下,他
们在拆解我的一部小说时,额外嘲讽了这份宣
言)[1]外,他的作品,一切作品,也都没有上过
电视或广播。第四电台的确计划要做一个和马克
一起步行游览费利克斯托的节目,但时机挑得很
不好,到马克去世前一周才提出讨论,它来得太
晚,以至于没成。这也没有动摇他的那种感觉:
他觉得自己在我们这个小圈子外无人欣赏或者说
不受认可。

虽然许多作家普遍会觉得自己是局外人,不
是"俱乐部"的成员,但我认为,马克和他的作
品有真正令人不安的一面,使他和当时的文化评
论界格格不入(他对他们的尖刻攻击也毫无回
应),这解释了为什么他被锁在城堡外面。他的所
有作品(在试图消除围绕疯狂和心理健康的污名
化的羞耻的同时)都在表达这种自己无归属、被
忽视、永远不重要的感觉。但就是这种感觉,激

---

[1] 更加讽刺的是,这还是马克爱看、喜欢的节目。实际上,他
    还说过他想上这个节目参与讨论(这个愿望一直没有实现)。
    也许,他没有意识到,他的写作已经为这种"旧"媒体提供
    了一个完全可行的替代方案。

励了像他一样觉得自己被当作透明人、不受重视的局外人。

在《资本主义现实主义》出版后的几周里，我们目睹了稳定销量的指数级增长，直到其增长速度达到了与对这本书的宣传（或者说宣传的缺乏）完全不相称的地步。这是出版商和作家最渴望的信号——真正的、靠口碑取得的成功。一个在记者和学者看来没什么意义，或者说不是特别重要的文本，却真的得到了数以千计的读者的青睐和支持，并且看起来，还是读者完全自发的反应。很快，我们也在我们组织的活动上、开始如潮水般涌来的主动反馈中听到了读者的声音。我们欣慰地得知，虽然不出意料，读者中有很多是学生或延续教育的从业人员，但也有很多读者，只是大众读者——换言之，是马克一直想要触及的主流受众。而且，显然，他的书不但触动了个体的内心，也激励了近二十年来第一次大规模地重新政治化的年轻人。

随着这本书继续超出我们的预期，成为出版公司的王牌出版物（直到今天依然如此），马克一开始的担心也逐渐为这样一种感觉所取代，即这本书得到了它应有的回报，并且——这里没有任何狂妄或自鸣得意的意思，那不是他的性格——"出版的现实"已经追上了他（在他听说销量首次突破一万册时，他笑着说，"善始善终"[1]）。事情基本就是这样，直到马克生命中的最后八个月，他开始对这本书的巨大成功表现出某种纠结。

我不认为这个变化和致使他自杀的情绪转变同时发生是巧合。他越来越想不通为什么这本书还能卖得这么好。这在一定程度上表明他对自己和自己的写作失去了信心，但同时也反映出一种真正的困惑：一部他认为只能作为他在努力撰写的经典理论著作[2]垫脚石的作品怎么就成了经典。为什么在他谋划的"大"作依然无从捉摸的情况下，《资本主义现实主义》还会卖得越来越好？马克努力理解的这个事态创造了一个他越来越无力摆脱的自我怀疑和自我麻木的循环。

---

[1] 原文为"偷一便士也是进局子，偷一英镑也是进局子"，引申为一不做二不休或善始善终。——译注

[2] 这部大作在不同时期被称为《后资本主义欲望》（*Post Capitalist Desire*）等。

对于他的疑虑，我给出了一个平庸的回答：因为已经买了这本书的读者在里面不断发现更多的东西；并且只要他描述的状况还能引起共鸣，那么书中关于失望和希望的基本故事就会引起新读者的无限共鸣。事后来看，我还会加上，《资本主义现实主义》的篇幅和它使用的"个人的"大白话也是优点；如果要在马克思和马克之间选，普通读者会发现后者的文字更加贴近他们的日常生活。

马克接受了我的回答，但不完全满意，他后来又带着一种令人不安的坚持回到这个问题也说明了这点。到那时，他可能已经知道了我们不知道的事情：他永远写不出那个建构体系的大文本，《资本主义现实主义》这本小书将是他留给我们的代替前者的作品。这本书是不是他成就最高的作品不重要；它是他流传最广的作品。对于不想进一步探索马克著作的人来说，读这本书和听他本人说话有着同样的乐趣。书中的每一行字都反映出他在实践中看穿给人安慰和令人不安的虚构时才华横溢的、偶发的思维方式，同时也比正式的哲学作品更能体现他强烈、不安的诚实。马克可能没有，但其他人还

能从中得到安慰——这是一种马克会欣赏却不希望
过多强调的讽刺。这么做会推迟灰幕破裂、"突然
一切又变得可能"的时刻，那个他和他的读者的乌
托邦约定——他的遗产的基础就在于此。

译后记

王立秋　撰

我非费舍研究专家，亦非相关专业科班出身，本无资格妄加置喙；但费舍的创作风格和译介费舍一事，于我个人而言，确有重要意义，不忍放弃表达机会，姑且一记。

最初读到费舍，是在学生时代的理论"攀登"阶段。当时被欧陆思想吸引的我，在哲学系遭遇挫折（在向一位老师请教拉康思想的相关问题，并好奇哲学系为何没有相关课程后得到了"他太小了，还不够格"的回答）后，开始了自己对这个领域的乱入。虽然或多或少得到专业人士的鼓励（在此，感谢我哲学系的师兄李强，我的法语老师 Julien Magnier 和方尔平，我在学院外的老师如汪民安老师、夏可君老师、石计生老师和林志明老师，老雷、芬雷、三达、邹师傅等志同道合的朋友们——

包括学术团体"泼先生"和后来的出版团体"拜德
雅"的全体成员——当然也要感谢国际关系学院在
某种程度上提供的自由氛围,尤其感谢我的老师许
振洲先生),但显然,中二的我,没法仅凭野狐禅
跳出某些潜在的结构。于是,我又在传统的等级排
序外另外排序,在正统的鄙视链外再建立新的鄙视
链,或者说,又进入了另一个新的、正在形成的等
级结构。在新的现代或后现代正典中,费舍自然又
因为"太小"而被抛到了一边。在拉康之后,齐泽
克尚且会被认为太水,何况费舍呢?

再次读到费舍,是 2017 年他不幸离世之时。
有感于中文世界相关信息的稀少,出于纪念或是一
种(心血来潮地)给自己强加的译介的义务,我仓
促地翻译了《资本主义现实主义》中的"资本主义
与真实"一章。遗憾的是,同每次名人去世时媒
体、公众突然萌发的兴趣一样,我对费舍的关注也
转瞬即逝。倘若我更多、更深入地阅读,我本会对
他产生更多的、持久的兴趣。因为他的叙述对我来
说不可能陌生。当时的我也纠结于学术机构"不较
真的务实"态度。只不过囿于见识和身份,我对此

也只是一种模糊的二手感受。当时的我，看到的更多是，直接在学术机构工作的人在言行上表现出来的各种矛盾和不一致。个人的中介，遮蔽了结构。这一层距离，再加上我思维一贯迟钝，使我再次错过了"发现"费舍的机会。

与费舍的第三次相遇（感谢我的编辑章昕颖女士），让我明白了费舍这本书对我个人来说的重要性，以及对其他很多人来说可能具备的重要性。对我来说，重新阅读和翻译《资本主义现实主义》，如同以一种滞后的方式，重演了帕沙·查特吉初读萨义德《东方学》的经历：《资本主义现实主义》"谈论的是我觉得我一直知道，却一直没有找到语言来清晰表达的事情。和很多伟大的书一样，它看起来'第一次'说出了人们一直想说的话"[1]。

在社会现实中，在学院生活里，亲自见识过各种近乎黑色幽默的逻辑和操作后，阅读《资本主义现实主义》给我带来的感受，岂止是共鸣！我相信

---

[1] Partha Chatterjee, "Their Own Words? An Essay for Edward Said", in *Edward Said: A Critical Reader*, ed. Michael Sprinker, Blackwell, 1992, p. 194.

每一个正在以自己的方式痛苦地抵抗所谓"现实"强加的那套逻辑的年轻人，或已经向"现实"低头但心中仍有愤怒——并且那愤怒还没有因为常年的压抑变成阴燃的怨恨——的中年人，或在熬过一切后终得自由、回过头来想想自己被迫服从和主动参与了什么的有觉知的人，都知道我想说什么。但我最想说的还不是这个。因为每个人都有自己的体验，并且我相信每个人也会通过阅读费舍，在情感和思想上与费舍碰撞，找到自己应对"现实"的方式。

我想说的是，费舍如何确证了我在与自己的处境，尤其是在与学院生活的缠斗中，已经发展出来的想法；以及他是怎样启发和鼓励我在一个某种程度上可以贯彻他的理念的方向上继续走下去。

我认为，在研究人的思想和行动时，首先要考虑的一点是：人永远是在语境中，尤其是在文化语境中思考和行动的。研究一个人或一群人的思想，我们首先需要理解他或他们所处的文化；同样，要过一种自觉的生活，我们首先需要理解自己所处的文化。这也是我的学术兴趣和我对自己的要求。

因此，我才会从政治学出走，转而向（主要研究他文化的）人类学和（主要研究自文化的）文化研究求助。但我很快就发现，这些进路至少从它们眼下的从业人员的实践来看，也存在着一些问题。就对他文化的研究而言，"我们与他们的距离"使学者们陷入了纠结。一方面，这个不可消除的距离形成了理解的无法逾越的、令人痛苦的障碍；另一方面，这个可以插入批判和反思的距离又带来了理中客的令人陶醉的权威。于是，我们看到学者们试图以各种方式从"我们"的角度来克服这个距离，甚至以各种方式来互相安慰；同时，又假装忘记了"他们"可以说话或者直接拒绝让"他们"说话。如果说这样的代言尚可以通过"此地无他者"来加以正名的话，那么，一些研究自文化的学者对本社会中亚文化的代言则更加明显地表现出对被代言者的不尊重。

我想说的是，文化有自己的一整套生态。这个生态是从外部抓取的切片、用理论模型采集到的"本土经验"所不能表达的。要理解文化，必须从文化的内部出发。而在《资本主义现实主义》中，费舍就是这样做的。他没有用理论来切割、规划、塑造现实，而是用现实，尤其是现实中充溢的、各种理论视而不见的情感来撼动理论，刺破理论告诉我们的"现实"。眼下的新自由主义意识形态和与之配合的各种理论告诉我们：现实只能如此，不要纠结，都现实些，该干什么干什么去。费舍则通过与现实连接的理论导出了人们的文化体验：现实不能如此，因为它给人带来了巨大的痛苦，极大地贬低了人。换言之，费舍看到了现阶段人们所处的现实，是一种被新自由主义文化塑造的现实，而非完整的现实。而要充分认识这个文化/现实，不能只停留在它给出的、用来解释自身的理论，而必须突破它，看到它造就的日常的痛苦和反常，看到它的贫瘠，看到被它压抑的各种可能性，各种"未来的幽灵"。不单如此，费舍还为重建这样的可能性而努力：他在互联网博客上重续在他成长过程中启蒙了他的音乐写作；通过独立出版，重建面向公众的文化基础设施；通过亚文化评论，重建更加丰富的文化生态。从这个意义上说，费舍响应了马克思的名言，"哲学家们只是用不同的方式解释世界，问题在于改变世界"。

也许，身为乐评人，费舍通过音乐感知到了人类自由地生活的可能性。就像亚历克斯·尼文在导读中提到的那样，费舍反对感觉的私有化，强调"我们都在一起受苦……如果我们意识到这点，并以某种方式把我们受的各种苦联系起来，那么我们……在发动有组织的抵抗上迈出了第一步"。这样的抵抗将突破私有财产、资本主义，尤其是新自由主义对人的感官的封锁，实现马克思在《1844年经济学哲学手稿》中说的对"人的一切感觉和特性的彻底解放"——在这样的解放中，"感觉在自己的实践中直接成为理论家"。[1] 也许，冒着过度阐释和曲解的风险，我们也可以认为，以一种预表的方式，费舍就是这样的理论家。

费舍经常被人诟病缺乏原创性，没有提出自己的理论。但我认为，费舍表现了一种更加健康的与理论互动的方式。不是占有理论，或把理论当成

---

[1]《1844年经济学哲学手稿》，马克思著，中共中央马克思恩格斯列宁斯大林著作编译局编译，人民出版社，2018年版，第82页。

实验室里的标本来观察，对它只报以所谓客观、理性的目光，而是像欣赏音乐一样让理论在感性的身体上流动，应和其节奏，由受动而主动。在私有的、占有的框架下，个体倾向于肢解、分割理论，把理论的某个部分据为己有，在理论上涂涂画画，给它盖上审美恶劣、品位极其糟糕的个人印章。而只有突破私有制对人的感官和智识能力的封锁，才能看到费尔巴哈所说的理论作品的"发展能力"[1]，才能通过阐述，真正主动地把理论收回人类自身。

---

[1] Giorgio Agamben, *The Signature of All Things: On Method*, translated by Luca D'Isanto with Kevin Attel, New York: Zone Books, 2009, p. 8。更多讨论参见 Carlo Salzani, *Agamben and the Animal*, Cambridge Scholars Publishing, 2022。